Carl Betze

...und schon bist Du Rassist

Wie uns die Flüchtlingskrise stigmatisiert

Mit Cartoons des bekannten Karikaturisten

Roger Schmidt

© 2020 Carl Betze
Autor: Carl Betze
Umschlaggestaltung, Illustration: Carl Betze
weitere Mitwirkende: Roger Schmidt, Karikaturist

Verlag & Druck: tredition GmbH, Halenreie 40-44, 22359 Hamburg

ISBN: Paperback 978-3-347-04569-9
       Hardcover 978-3-347-04570-5
       e-book   978-3-347-04571-2

Bibliografische Information der Deutschen Nationalbibliothek:

Inhalt

Vorwort

Die anhaltende Zuwanderung Schutz suchender Menschen ist seit dem Jahr 2015 eines der zentralen politischen Themen in unserem Land und anno 2020 bedingt durch die Grenzöffnung durch den türkischen Präsidenten Erdogan im März und das Feuer im Flüchtlingslager Moria im September wieder brandaktuell.

Der Ansturm der Flüchtlinge führte Deutschland in die größte Krise seit dem 'deutschen Herbst' 1977, als Terroristen der Roten Armee Fraktion (RAF) den damaligen Arbeitgeberpräsidenten Hanns-Martin Schleyer und 83 Passagiere der Lufthansamaschine 'Landshut' in Geiselhaft nahmen – und die zivile Bevölkerung gleich mit.

Auch heute bleibt die Staatskrise nicht ohne Auswirkung auf die einheimische Bevölkerung: Die Flüchtlingsfrage spaltet die Menschen hierzulande wie kaum ein zweites Thema. Die Kluft zwischen Befürwortern der „Willkommenskultur" und Kritikern der unkontrollierten Zuwanderung wird hierzulande fortdauernd größer. In zunehmendem Maße werden dabei diejenigen Menschen verunglimpft, die gegen den Strom schwimmen, die die deutsche Asylpolitik kritisieren und die

Gewalttaten von Zuwanderern thematisieren.

Auch und nicht zuletzt, weil unsere Regierung auf die elementaren Fragen ihrer Wähler zur Flüchtlingspolitik keine Antworten zu liefern weiß und ein Klima geschaffen hat, welches nur noch 'schwarz oder weiß', nur noch Extrempositionen, ein für oder gegen Flüchtlinge zuzulassen scheint und einer gemäßigten Betrachtung der Flüchtlings-problematik kaum noch Raum lässt.

Im März 2019 wird eine 21-jährige Frau aus dem rheinland-pfälzischen Worms mutmaßlich von dem tunesischen Asylbewerber Ahmet T. erstochen (01). Die Berichterstattung über diesen grausamen Fall habe ich noch im Hinterkopf, als ich mich am Abend zur Saisoneröffnung in unserem Kleingartenverein aufmache. Es wird gegrillt, getrunken, erzählt und diskutiert. In Zeiten wie diesen kommt man dabei auch beim geselligen Zusammensein am Thema Flüchtlingspolitik kaum vorbei. Als ich in die Runde werfe, dass am Nachmittag „schon wieder" eine Meldung über einen von einem Asylbewerber begangenen Mord in den Medien verbreitet wurde, haften von einem Moment auf den anderen alle Blicke auf mir. „Ist das denn sicher, dass das ein

Asylbewerber war?", fragt mich ein Mitgärtner. „Leute wie Du benutzen das jetzt wieder, um gegen die Ausländer zu hetzen" meint ein anderer.

Hätte ich von einem Übergriff Rechtsradikaler auf ein Flüchtlingsheim berichtet, wäre ich wahrscheinlich der Star des Abends gewesen und wir hätten bis weit in die Nacht über das Thema diskutiert beziehungsweise die in unserem Lande herrschende kollektive Fremdenfeindlichkeit angeprangert. Aber so sieht das ganz anders aus. Den Rest des Abends werde ich mit Missachtung gestraft. Nicht die, die Verbrechen begehen, sind die Bösen, sondern die, die diese thematisieren, hat man manchmal den Eindruck.

Am nächsten Tag beim obligatorischen Morgenspaziergang mit meinem Hund erfahre ich von einer Bekannten, dass sich mein Fauxpas schon im Wohnviertel herumgesprochen hat. „Der ist doch so ein Netter! Dass der ein Nazi ist, hätte ich gar nicht gedacht", soll eine, mir bis dato durchaus wohlgesonnene Hundebesitzerin aus der Nachbarschaft sich gewundert haben.

Die mir entgegengebrachten Reaktionen verdeutlichen ein bemerkenswertes gesellschaftliches Phänomen in unserer Zeit:

Nach Gewalttaten wie der in Worms, bei denen Asylzuwanderer als Tatverdächtige ermittelt werden, wird jeweils direkt nach der Tat die Debatte davon dominiert, wie es verhindert werden könne, dass Fremdenfeinde die Tötungen für ihre Ziele instrumentalisieren. Relativ wenig wird allerdings darüber diskutiert, wie der Staat seine Bürger besser schützen und künftig das Risiko für ähnliche Taten minimiert werden könnte.

Die Frage, wie mit der Flüchtlingskrise umgegangen werden soll, treibt mehr und mehr einen Keil in unsere Gesellschaft. Es hat den Anschein, als gäbe es in diesem unserem Lande nur noch die extrem Rechten, für die „Ausländer raus" die ultima ratio darstellt und die 'Willkommenskulturler', die händeringend nach Rechtfertigungen suchen, alles und jedes rund um die deutsche Flüchtlingspolitik zu verteidigen und vermutet anders denkende als rechtsradikal zu brandmarken.

Nicht nur die Feindlichkeit gegen Asylbewerber und Flüchtlinge in Deutschland nimmt zu, sondern auch die Ächtung jener Menschen, die es wagen, die deutsche Flüchtlingspolitik auch nur im Ansatz zu kritisieren. Mittlerweile darf man kein negatives Wort mehr über

Flüchtlinge sagen, ja, man darf Kapitalverbrechen wie das oben genannte nicht einmal erwähnen oder zur Diskussion stellen, will man nicht Gefahr laufen, als Rassist abgestempelt zu werden.

Wo andere europäische Länder sich weigern, überhaupt Flüchtlinge aufzunehmen, ist es hierzulande beinahe schon verpönt, die damit verbundene Politik auch nur zu in Frage zu stellen.

Oder aber ein Buch darüber zu schreiben...Sie ahnen nicht, wie einige meiner Freunde und Bekannten schon allein auf die bloße Idee, meine Gedanken zu Papier zu bringen, reagiert haben. Offenbar zeugt die Intention, dies zu tun, bereits unzweifelhaft von rechtsradikaler Gesinnung. Unglaublich.

Im Folgenden möchte ich Gedanken beschreiben, die einen politisch interessierten Menschen in Zeiten wie diesen bewegen. Dabei versuche ich, die Sorgen, die die Bevölkerung angesichts des nicht enden wollenden Zuzugs von Menschen aus aller Herren Länder plagen, auch jenen verständlich zu machen, die die deutsche und europäische Flüchtlingspolitik für nicht kritikwürdig halten.

Ich möchte weder anklagen noch verurteilen, sondern einfach

nur die Fragen formulieren, die sich viele Menschen in unserem Land bezüglich der deutschen Flüchtlings- und Asylpolitik stellen, jedoch in unseren Zeiten kaum mehr offen vorbringen dürfen, wenn sie nicht sozial geächtet werden wollen.

Viele Leser werden sicher denken: Diese Fragen habe ich doch schon tausendmal gehört. Geht mir genauso, nur habe ich nie befriedigende Antworten bekommen. Vielleicht ist das ja beim eintausenderundersten Mal anders...

Sollte ich auch nur mit einigen wenigen meiner dreißig Fragen eine Antwort provozieren, so hat mein Werk seinen Zweck schon erfüllt.

Dieses Buch wendet sich an diejenigen, die irgendwo in der Mitte zwischen verklärter Willkommenskultur und nationalistischem „Germany first" stehen und deren Fragen viel zu oft ungeklärt bleiben.

Ich schreibe es auch deswegen, weil ich einfach meine Gedanken loswerden muss, die selbst in meinem engsten Umfeld kaum noch jemand hören will.

Ich hoffe, damit nicht nur zu informieren, sondern vor allem auch einen Beitrag dazu leisten zu können, dass Menschen, die

sich kritisch mit der deutschen Flüchtlingspolitik auseinandersetzen, nicht weiterhin rechtsradikale Tendenzen unterstellt
werden.

Köln, im September 2020

Peter Wolff

01

„Wir schaffen das"?

Wer kennt sie nicht – die oft herangezogenen „Zitate für die Ewigkeit", die einst zu einem bestimmten Sachverhalt formuliert wurden und dann oft in einem völlig anderen Zusammenhang von zig Menschen rezitiert werden.

„Wir schaffen das!" - der Ausspruch der deutschen Bundeskanzlerin Angela Merkel, in der Bundespresse-konferenz am 31.August 2015 im Hinblick auf die Flüchtlings-krise in Europa und die Aufnahme von Flüchtlingen in Deutschland postuliert, hat längst Kultstatus erreicht und wird meist dann rezitiert, wenn einmal wieder etwas schiefgelaufen ist in der deutschen Flüchtlingspolitik.

Der Kern-Slogan der 'neuen Willkommenskultur' steht für die bislang umstrittenste Entscheidung in Merkels Kanzlerschaft, die mehr als großzügige Aufnahme von Flüchtlingen in Deutschland.

Mit ihrer Politik der offenen Grenzen ohne Obergrenze geht die Kanzlerin in Europa einen deutschen Sonderweg: Während sie sich hierzulande für das „freundliche Gesicht" der Bundesrepublik feiern lässt, schütteln die Staatenlenker in Rom, Paris, Warschau, Wien, Budapest und die Köpfe. Nur Schweden hat eine ähnlich großzügige Flüchtlingspolitik betrieben wie sie Berlin nach wie vor praktiziert. Der Satz „Wir schaffen das" wird von Teilen der Medien sehr schnell als positives Signal in der Flüchtlingspolitik Deutschlands rezipiert.

Der Ausspruch ist allerdings auch relativ früh Gegenstand von Kritik an Merkels Flüchtlingspolitik, um vorzubringen, dass Deutschlands Aufnahmekapazitäten erschöpft seien. Am 11.September 2015 zitiert Spiegel Online die Antithese „Wir schaffen das nicht" aus dem Mund des Bundesinnenministers Horst Seehofer, damals noch bayerischer Ministerpräsident: „Ich sehe keine Möglichkeit, den Stöpsel wieder auf die Flasche zu kriegen."

Bundeskanzlerin Merkel macht zu Beginn der 'Flüchtlings-krise' nicht nur durch das erwähnte Zitat auf sich aufmerksam. Sie stellt sich zudem im Rahmen des Besuches in einer Erstaufnahmestelle für Asylbewerber und einer Außenstelle des Bundesamtes für Migration und Flüchtige (BfAM) in Berlin-Spandau für Selfies mit Flüchtlingen zur Verfügung.

Die Folgen sind bekannt: Die Fotos gehen um die ganze Welt, fortan ist Deutschland verständlicherweise für Flüchtlinge aus aller Herren Länder dieser Welt das gelobte Land.

Auch für jene, die nicht unmittelbar vom Krieg bedroht sind. Doch bevor sie vorschnell über die sogenannten 'Wirtschaftsflüchtlinge' urteilen: Was würden Sie tun, wenn Sie in Armut leben und Ihnen suggeriert würde, dass es ein Land gibt, in dem Sie, auch, wenn Sie keine Arbeit haben, ein Vielfaches an Geld mehr zur Verfügung haben als in ihrer Heimat? Dass sie keinen Hunger mehr leiden müssen und ihre Kinder eine schulische Erziehung erhalten?

Den Menschen, die sich angesichts der „Willkommenspolitik" von Kanzlerin Merkel auf den Weg nach Europa machen, gebührt kein Vorwurf.

Dieser ist eher der Kanzlerin selbst zu machen, die mit dem von ihr verbreiteten 'Schlaraffenland-Image' eine deutlich größere Flüchtlingswelle gen Alemannia lostrat, als zu erwarten war.

Kann eine Bundeskanzlerin, die den Eid auf das Grundgesetz geschworen hat, einfach sagen:

Nö, das machen wir jetzt mal anders? Wir lassen das Asylrecht links liegen und alle, die reinwollen, rein?

So ist es kaum verwunderlich, dass Merkels Flüchtlingspolitik in Ihrem Land auf wenig Gegenliebe stößt und die Bevölkerung zunehmend kritischer wird hinsichtlich der Frage, ob wir es in Deutschland wirklich schaffen, der Flüchtlingsströme sozialverträglich Herr zu werden.

Dem ARD-Deutschlandtrend vom September 2018 zufolge hält eine Mehrheit der Deutschen die Flüchtlingspolitik der Bundesregierung nicht für gelungen. Und zwar meinen dies konkret:

- 50% im Hinblick auf die Unterbringung und Verteilung der Flüchtlinge
- 69% im Hinblick auf die Vorbeugung von Gewalt und Kriminalität
- 69% im Hinblick auf die Integration der Flüchtlinge in den Arbeitsmarkt
- 83% im Hinblick auf die Abschiebung abgelehnter Asylbewerber.

Darüber hinaus meinen 49% der Befragten, dass die Bundesregierung die Sorgen beim Thema Zuwanderung nicht ernst nehme (02). Zahlen, die zu denken geben.

02

Woher kommt sie nur, diese Fremdenfeindlichkeit?

Die im letzten Kapitel genannten Zahlen sind sicherlich größtenteils auf die aktuelle Flüchtlingspolitik der Bundesregierung zurückzuführen, zum Teil jedoch basieren sie wohl auch auf einer latenten Fremdenfeindlichkeit, die in unserer Gesellschaft herrscht.

Fremdenfeindlichkeit ist in Europa eine bedauerliche Konstante der Geschichte. Man kann auf der Zeittafel bis weit in die Antike zurückgehen - überall finden sich frühe Beispiele von Xenophobie und Fremdenhass. Bereits in der griechischen Antike grenzt man Fremde aus, im alten Rom sieht es nicht anders aus. Vom Reich der Mitte über das europäische Mittelalter bis zur Ära des modernen Rassismus: Vorurteile gegenüber Fremden begleiten uns Menschen seit Jahrtausenden.

Xenophobie, in Form von Araberphobie, Islamophobie oder Negrophobie – Ressentiments gegen andere Menschengruppen existieren zu allen Zeiten. Die Ursachen hierfür sind schwer zu ergründen, die Rechtfertigungen für Fremden-feindlichkeit in unseren Gesellschaften verändern sich häufig (03).

Die Angst oder Scheu vor dem Fremden ist zunächst einmal etwas biologisch Notwendiges, ein Schutzmechanismus, der lebensrettend sein kann. Dieser Mechanismus muss sich jedoch nicht notwendigerweise zu Rassismus steigern, im Rahmen dessen die normale Angst vor Fremden umschlägt in Fremdenhass und aggressive Handlungen gegenüber Fremden.

Xenophobie ist im heutigen Europa zumeist Islamophobie. Hauptverantwortlich hierfür ist vor allem der islamische Terrorismus, auch werden islamische Migranten oft als wirtschaftliche Bedrohung wahrgenommen. Das Verhältnis zwischen Morgenland und Abendland, also zwischen muslimisch und christlich geprägter Welt, schürt Ressentiments, der Jahrhunderte lange Konflikt zwischen Islam und Christentum samt Kriegen und Kreuzzügen hat die Fronten verhärtet. So behaupten viele Christen, ihre Religion wäre die des Friedens, während der Islam die Konfession der Gewalt sei. Das ist so nicht richtig, denn auch die als friedsam bezeichnete christliche Religion hat Gräueltaten und Vernichtungsstrategien begangen, wie sie auch der Islamische Staat heute kaum radikaler zustande bringt (04).

Fremdenfeindlichkeit ist hierzulande heutzutage beinahe gleichzusetzen mit Muslimfeindlichkeit.

Eine Studie der Forscher und Soziologen Oliver Decker und Elmar Brähler von der Universität Leipzig zum Thema Autoritarismus verdeutlicht dies.

Für die 328 Seiten lange repräsentative Studie wurden zwischen Mai und Juli 2018 2416 Menschen in Deutschland (West: 1918, Ost: 498) interviewt. Die Forscher beobachten seit 2002 die Einstellungen der Deutschen zum Rechtsextremismus, bislang bekannt unter dem Namen "Mitte-Studien der Universität Leipzig". Sie erscheint alle zwei Jahre, nun unter dem Namen "Leipziger-Autoritarismus-Studie".

Die Befragung in der Kategorie Ausländerfeindlichkeit zeigt, dass 24 Prozent und damit rund ein Viertel der Deutschen eine ablehnende Haltung gegenüber Ausländern haben. Deutlich wird dabei ein Ost-West-Gefälle. Während im Westen 22% der Befragten ausländerfeindlich eingestellt sind, sind es im Osten 31%.

Insgesamt stimmen 36% der Deutschen der Aussage zu, dass Ausländer nur hierherkommen, um den Sozialstaat auszunutzen. Über ein Viertel würde Ausländer wieder in ihre Heimat zurückschicken, wenn in Deutschland die Arbeitsplätze knapp werden. Rund 36% halten die Bundesrepublik durch Ausländer in einem gefährlichen Maß für "überfremdet". Bei all diesen Antworten stimmen Ostdeutsche öfter zu als Westdeutsche. Obwohl interkultureller Austausch im Alltag stattfindet, werden Vorurteile offenbar nicht abgebaut. "Die Ausländer bleiben ein gewohntes Feindbild".

Deutlich zeigt sich, dass Menschen mit Abitur viel seltener rechtsextrem sind als jene ohne Hochschulreife. Außerdem erreichen Männer in allen Kategorien, höhere Werte als Frauen. Weitaus mehr Männer (26,3%) stimmen zum Beispiel ausländerfeindlichen Aussagen zu als Frauen (22,2%). Ältere Befragte tendieren eher zu rechtsextremen Positionen als jüngere.

"Erschreckend hoch ist die Abwertung von Muslimas und Muslimen angestiegen", sagt Studienleiter Elmar Brähler.

44,1 % der Befragten finden, dass Muslimen die Zuwanderung nach Deutschland untersagt werden sollte. In den neuen Bundesländern sieht das sogar jeder Zweite so. Der Anteil derer, die sich "durch die vielen Muslime wie ein Fremder im eigenen Land fühlen", ist 2018 in Deutschland ebenfalls gestiegen. Die Vorbehalte gegenüber Asylsuchenden sind gleich geblieben - allerdings gleich hoch. Vier von fünf Befragten finden, über Asylanträge sollte nicht großzügig entschieden werden. Dies werten die Forscher als Kritik an Flüchtlingen, nicht aber am Vorgehen der Verwaltung, die über Anträge entscheidet (05).

Die Ergebnisse der Leipziger Studie sind wenig überraschend, verhält es sich doch so, dass in Zeiten einer hohen Zuwanderung die Fremdenfeindlichkeit tendenziell zunimmt.

Die Fronten zwischen der einheimischen Bevölkerung und der stetig wachsenden Zahl an Zuwanderern scheinen verhärtet. Das Ziel muss sein, sich auf einen Konsens für die universalen Menschenrechte zu verständigen, so schwer dies auch sein, so unerreichbar ein solcher Ist-Zustand aus heutiger Sicht auch erscheinen mag.

Sonst entstehen parallele Subgesellschaften, die sich gegen feindseliges Verhalten mit Abwehr, Distanz, Rückzug oder aufgrund ihrer schwachen sozialen Position auch mit verdeckter oder offener Aggression wehren.

03

Flüchtlinge – gab es die schon immer?

Flucht und Vertreibung existieren, seitdem die Menschen auf der Erde wandeln. Kriege, Missernten, Verfolgung, wirtschaftliche Not, Umweltkatastrophen oder fehlende Lebensperspektiven – die Motive, warum Menschen ihre Heimat verlassen, sind vielfältig.

Schon in der vorchristlichen Bronze- und Eisenzeit gibt es zwischen verschiedenen Stämmen Auseinandersetzungen um Jagdreviere, Siedlungsorte und Frauen als Fortpflanzungspartner. Die Überlebenden des unterlegenen Stammes müssen schlussendlich ihre Heimat verlassen und an anderer Stelle sesshaft werden.

Auch in der Bibel sind Unterdrückung und Flucht allgegenwärtig. So wird Moses von Gott auserkoren, das Volk Israel von seinem Sklavendasein in Ägypten zu befreien, und führt sein Volk ins gelobte Land nach Kanaan. Viele Historiker vertreten die Ansicht, dass der Auszug aus Ägypten im Alten Testament auf wahren historischen Begebenheiten im 13. Jahrhundert vor Christus beruht.

In der Antike und zur Römerzeit werden viele Volksgruppen wegen ihres Glaubens und ihrer Kultur vertrieben. Auch das Ende des Römischen Reichs und der Beginn des Mittelalters stehen in engem Zusammenhang mit massenhaften Flüchtlingsbewegungen, die meist unter dem verharmlosenden Begriff "Völkerwanderung" zusammengefasst werden.

Auf der Flucht vor den Hunnen, einem aus Zentralasien anrückenden Reitervolk, machen sich viele germanische Stämme auf den Weg nach Westen. Sie ersuchen darum, sich im Römischen Reich niederlassen zu dürfen, was ihnen 376 nach Christus auch gewährt wird.

Die Integration indes schlägt fehl, es kommt zu Aufständen. Immer neue Volksstämme ziehen in den folgenden Jahrzehnten aus Norden und Osten Richtung Römisches Reich, wo sie sich ein wirtschaftlich und politisch besseres Leben erhoffen. Als Folge der mannigfaltigen, zum Teil mit Gewalt erzwungenen Völkerbewegungen zerfällt Rom in viele kleinere Reiche, in denen der Grundstein für das heutige Europa gelegt wird.

In den folgenden Jahrhunderten sind es immer wieder Kriege aufgrund von Territorialinteressen oder infolge religiöser oder rassistischer Überzeugungen, die zu Flucht und Vertreibung führen. Der dreißigjährige Krieg oder beide Weltkriege im 20. Jahrhundert, in deren Folge Millionen Menschen ihre Heimat verlieren, sind die bedeutendsten unter vielen.

Auch Missernten sind Ursachen für Fluchtbewegungen. So machen sich Mitte des 19. Jahrhunderts nach mehreren schlechten Kartoffelernten und der dadurch grassierenden Hungersnot knapp zwei Millionen Iren auf den Weg nach Amerika, Australien und Großbritannien.

Seit Ende des 20. Jahrhunderts haben sich die Flüchtlingsbewegungen zunehmend globalisiert. Zwar bilden kriegerische Konflikte weiterhin oftmals die Ursache, doch mehr und mehr spielen auch andere Gründe eine Rolle, infolge derer Menschen ihre Heimat verlassen: Armut, Hunger, Umweltkatastrophen und fehlende Lebensperspektiven. Auch Eingriffe in die Natur wie zum Beispiel Flussbegradigungen oder Staudämme ziehen immer wieder Fluchtbewegungen nach sich.

Die westlichen Industrienationen verheißen zurzeit am meisten Sicherheit und Wohlstand und sind somit zum Ziel von Millionen Flüchtlingen aus armen und konfliktbeladenen Regionen, vor allem aus Afrika und Asien, geworden. Besonders die USA sowie die Staaten der Europäischen Union sind beliebte Ziele.

Die Flüchtlinge nehmen dafür große Strapazen und hohe finanzielle Belastungen in Kauf und riskieren nicht selten ihr Leben – etwa bei der Überfahrt von Nordafrika durch das Mittelmeer. Und selbst wenn ihnen die Einreise gelingt, kommt es oft vor, dass sie nicht als asylsuchende Flüchtlinge anerkannt und zurück in ihre Heimat abgeschoben werden.

Die Hilfsangebote für Flüchtlinge sind auf verschiedenen Ebenen organisiert. So wird 1951 das Flüchtlingswerk der Vereinten Nationen gegründet (UNHCR), das sich für die Rechte der Flüchtlinge und die Einhaltung der Genfer Konvention einsetzt und in Krisengebieten Hilfe leistet.

Die Europäische Union (EU) richtet 1992 eine Generaldirektion für humanitäre Hilfe ein und ist in nahezu allen Krisenregionen der Welt aktiv. Zudem ist die EU einer der größten Geber öffentlicher Entwicklungshilfe.

Programme zur Wirtschaftsförderung, Gesundheitsverbesserung und Armutsbekämpfung sollen dazu beitragen, Gründe für eine mögliche Flucht zu reduzieren.

Auch einzelne Staaten leisten in Form von Notprogrammen und bilateralen Vereinbarungen mit Partnerländern Hilfe zur wirtschaftlichen Entwicklung. Zudem wird auf staatlicher Ebene in Form der Asylgesetzgebung der Umgang mit Flüchtlingen geregelt. So bekommt ein Asylberechtigter in Deutschland eine auf vorerst drei Jahre befristete Aufenthaltsgenehmigung sowie unter bestimmten Bedingungen Anspruch auf Sozialleistungen.

Das Bundesamt für Migration und Flüchtlinge leistet Hilfe bei der Integration von Flüchtlingen, die in Deutschland bleiben wollen, zum Beispiel durch Sprachkurse und Rechtsberatung. Außerdem engagieren sich viele Nichtregierungsorganisationen (NGOs) in der Flüchtlingshilfe. Organisationen und Vereine wie Rotes Kreuz, Roter Halbmond, Ärzte ohne Grenzen, terre des hommes oder Cap Anamur, die sich dem Gemeinnutz verpflichtet haben, helfen in Notsituationen und versorgen Flüchtlinge vor Ort.

Aufgrund ihrer schlanken Strukturen und teilweise kurzen

Entscheidungswege sind NGOs oft flexibler und somit zu schnellerer Hilfe in der Lage als staatliche Stellen.

Trotz der wachsenden Hilfsangebote von verschiedenen Seiten hat sich die Lage für Flüchtlinge im neuen Jahrtausend nicht verbessert. Laut einem Bericht der Vereinten Nationen waren 2018 weltweit etwa 71 Millionen Menschen auf der Flucht.

Während die Zahl der offiziell anerkannten Flüchtlinge seit 1999 tendenziell unverändert bleibt, ist die Zahl der sogenannten Binnenflüchtlinge stark angestiegen, die innerhalb ihres Heimatlandes zur Flucht gezwungen werden. Binnenflüchtlinge machen mit 41 Millionen inzwischen den größten Anteil der Menschen aus, die ihre Heimat verloren haben (06).

04

Seit wann gibt es in Deutschland das Recht auf Asyl?

Im Jahr 1949 beraten die Mitglieder des Parlamentarischen Rates über Artikel 16 des Grundgesetzes, das gesellschaftliche "Wir" ist noch deutlich enger definiert als heute.

Damals meint man allenfalls Spanier oder Russen, wenn man von "Ausländern" spricht. In der Redaktionsstube der Verfassung denkt man bei politisch Verfolgten sogar zuallererst an Deutsche.

Der erste Entwurf für Artikel 16 lautet: "Jeder Deutsche, der wegen seines Eintretens für Freiheit, Demokratie, soziale Gerechtigkeit oder Weltfrieden verfolgt wird, genießt im Bundesgebiet Asylrecht."

Ein Asylrecht für sämtliche politisch verfolgten Ausländer erscheint dem Redaktionsausschuss "zu weitgehend" – immerhin ist das geteilte Nachkriegsdeutschland ein schwacher Staat mit reichlich eigenen Vertriebenen-problemen.

Als großzügigere Formulierung überlegt der Rat, "Ausländer(n), welche wegen ihres Eintretens für Freiheit, Demokratie, soziale Gerechtigkeit und Weltfrieden politisch verfolgt werden", Asylrecht zu gewähren. Am Ende sind es die Staatsrechtler Carlo Schmid (SPD) und Hermann von Mangoldt (CDU), die die heutige, weite Formulierung durchsetzen. Schließlich, so Schmid, dürfe man die Asylgewährung nicht davon abhängig machen, "ob der Mann uns politisch nahesteht oder sympathisch ist" (07).

Artikel 16a unseres Grundgesetzes sichert politisch Verfolgten ein individuelles Grundrecht auf Asyl in Deutschland zu. Das ist Ausdruck für den Willen Deutschlands, seine historische und humanitäre Verpflichtung zur Aufnahme von Flüchtlingen zu erfüllen.

Das Asylverfahren wird vom Bundesamt für Migration und Flüchtlinge (BAMF), durchgeführt.

Das Anerkennungsverfahren für Asylsuchende ist im Wesentlichen im deutschen Asylgesetz (AsylG) geregelt.

Asylsuchende werden zeitnah nach ihrer Einreise - das heißt bereits beim Erstkontakt mit einer zur Registrierung befugten Behörde (Bundespolizei, Landespolizei, Aufnahmeeinrichtung, BAMF oder Ausländerbehörde) - erkennungsdienstlich behandelt. Sofern sie das 14. Lebensjahr vollendet haben werden dabei auch ihre Fingerabdrücke erfasst. Diese Daten werden in dem bundesweit verfügbaren zentralen Kerndatensystem gespeichert.

Für die Unterbringung und soziale Betreuung Asylsuchender sind die Bundesländer zuständig.

Mit Hilfe eines bundesweiten Verteilungssystems werden sie nach einem im Asylgesetz festgelegten Schlüssel auf die einzelnen Bundesländer verteilt. Dort angekommen, erfolgt anhand einer Fast-ID-Überprüfung ein Abgleich mit dem Kerndatensystem und die Zugereisten erhalten einen Ankunftsnachweis, wenn sie sich in die ihnen zugewiesene Aufnahmeeinrichtung begeben haben. Mit dem Ankunftsnachweis können sie ihre Registrierung nachweisen, ab der Ausstellung des Ankunftsnachweises ist der Aufenthalt im Bundesgebiet gestattet (Aufenthaltsgestattung) und es wird ein vorläufiges Bleiberecht in der Bundesrepublik Deutschland zur Durchführung des Asylverfahrens gewährt.

Nach der Ankunft in der zuständigen Aufnahmeeinrichtung stellen die Asylsuchenden einen formellen Asylantrag in der zuständigen Außenstelle des BAMF.

Asylbewerber werden durch Entscheiderinnen und Entscheider des BAMF (unter Hinzuziehung eines Dolmetschers) zu ihrem Reiseweg und Verfolgungsgründen persönlich angehört. Die Anhörung wird in einer Niederschrift protokolliert, rückübersetzt und in Kopie ausgehändigt. Aufgrund der Anhörung und gegebenenfalls weiterer Ermittlungen wird über den Asylantrag entschieden. Die Entscheidung erfolgt in schriftlicher Form, versehen mit einer Rechtsbehelfsbelehrung.

Neben dem Grundrecht auf Asyl gemäß Artikel 16a GG gibt es gemäß den Vorschriften der Qualifikations-Richtlinie, des AsylG und des AufenthG drei weitere Schutzformen.

Zunächst kann Schutz auch als Flüchtling gemäß §3,1 des Asylgesetzes (AsylG) gewährt werden.
Ein Ausländer ist Flüchtling im Sinne des Abkommens vom 28. Juli 1951 über die Rechtsstellung der Flüchtlinge (BGBl. 1953 II S. 559, 560), wenn er sich - aus begründeter Furcht vor Verfolgung wegen seiner Rasse, Religion, Nationalität politischen Überzeugung oder Zugehörigkeit zu einer bestimmten sozialen Gruppe – außerhalb des Herkunfts-

landes befindet,

- dessen Staatsangehörigkeit er besitzt und dessen Schutz er nicht in Anspruch nehmen kann oder wegen dieser Furcht nicht in Anspruch nehmen will oder

- in dem er als Staatenloser seinen vorherigen gewöhnlichen Aufenthalt hatte und in das er nicht zurückkehren kann oder wegen dieser Furcht nicht zurückkehren will.

Ein Ausländer ist nicht Flüchtling nach Absatz 1, wenn aus schwerwiegenden Gründen die Annahme gerechtfertigt ist, dass er

- ein Verbrechen gegen den Frieden, ein Kriegsverbrechen oder ein Verbrechen gegen die Menschlichkeit begangen hat im Sinne der internationalen Vertragswerke, die ausgearbeitet worden sind, um Bestimmungen bezüglich dieser Verbrechen zu treffen,

- vor seiner Aufnahme als Flüchtling eine schwere nichtpolitische Straftat außerhalb des Bundesgebiets begangen hat, insbesondere eine grausame Handlung, auch wenn mit ihr vorgeblich politische Ziele verfolgt wurden, oder

- den Zielen und Grundsätzen der Vereinten Nationen zuwidergehandelt hat (08).

In der Praxis ist es nicht wichtig, welche der beiden Schutzformen – Art. 16 a GG oder § 3 Abs. 1 AsylG – man erhält. Anerkannte Asylberechtigte erhalten eine Aufenthaltserlaubnis nach § 25 Abs. 1 S. 1 AufenthG; anerkannte Flüchtlinge eine Aufenthaltserlaubnis nach § 25 Abs.2 S.1,1. Alt.AufenthG.

Die Folgen für die Dauer der Aufenthaltserlaubnis (sie wird für drei Jahre erteilt – dann erfolgt eine erneute Überprüfung) und die Möglichkeit, Unterstützung vom Staat zu erhalten (Arbeitslosengeld II, Kindergeld, BAföG und anderes) sind dieselben (09).

Kann weder Asyl noch Flüchtlingsschutz gewährt werden, prüft das BAMF im Asylverfahren stets, ob die Voraussetzungen gegeben sind, um subsidiären Schutz im Sinne des § 4 AsylG zu gewähren.

Ein Ausländer ist subsidiär Schutzberechtigter, wenn er stichhaltige Gründe für die Annahme vorgebracht hat, dass ihm in seinem Herkunftsland ein ernsthafter Schaden droht. Als ernsthafter Schaden gilt dabei

- die Verhängung oder Vollstreckung der Todesstrafe
- Folter. unmenschliche, erniedrigende Behandlung oder Bestrafung oder eine ernsthafte individuelle Bedrohung des Lebens beziehungsweise der Unversehrtheit einer Zivilperson
- willkürliche Gewalt im Rahmen eines internationalen oder innerstaatlichen bewaffneten Konflikts

Ein Ausländer ist von der Zuerkennung subsidiären Schutzes nach Absatz 1 ausgeschlossen, wenn schwerwiegende Gründe die Annahme rechtfertigen, dass er

- ein Verbrechen gegen den Frieden, ein Kriegsverbrechen oder ein Verbrechen gegen die Menschlichkeit im Sinne der internationalen Vertragswerke begangen hat, die ausge-arbeitet worden sind, um Bestimmungen bezüglich dieser Verbrechen festzulegen.
- eine schwere Straftat begangen hat
- sich Handlungen zu Schulde kommen lassen hat, die den Zielen und Grundsätzen der Vereinten Nationen,

wie sie in der Präambel und den Artikeln 1 und 2 der Charta der Vereinten Nationen (BGBl. 1973 II S. 430, 431) verankert sind, zuwiderlaufen oder

- eine Gefahr für die Allgemeinheit oder für die Sicherheit der Bundesrepublik Deutschland darstellt.

Diese Ausschlussgründe sind nicht an konkretes Tun gebunden. Sie gelten auch für Ausländer, die andere zu den genannten Straftaten oder Handlungen anstiften, diese mitplanen oder -vorbereiten oder sich in sonstiger Weise daran beteiligen.

Die Feststellung von 'nationalen' Abschiebungsverboten folgt §60 (Verbot der Abschiebung) des Aufenthaltsgesetzes (AufenthG), § 5 und 7. Gemäß §5 darf ein Ausländer nicht abgeschoben werden, soweit sich aus der Anwendung der Konvention vom 4. November 1950 zum Schutze der Menschenrechte und Grundfreiheiten (BGBl. 1952 II S. 685) ergibt, dass die Abschiebung unzulässig ist.

§7 schreibt vor, dass von der Abschiebung eines Ausländers in einen anderen Staat abgesehen werden soll, wenn dort für diesen Ausländer eine erhebliche konkrete Gefahr für Leib, Leben oder Freiheit besteht.

Eine erhebliche konkrete Gefahr aus gesundheitlichen Gründen liegt nur vor bei lebensbedrohlichen oder schwerwiegenden Erkrankungen, die sich durch die Abschiebung wesentlich verschlechtern würden. Es ist nicht erforderlich, dass die medizinische Versorgung im Zielstaat mit der Versorgung in der Bundesrepublik Deutschland gleichwertig ist. Eine ausreichende medizinische Versorgung liegt in der Regel auch vor, wenn diese nur in einem Teil des Zielstaats gewährleistet ist (10).

Bis es zur Entscheidung über einen Asylantrag kommt, vergehen Monate, manchmal Jahre.

Werden Schutzberechtigte dann gemäß einem der genannten Verfahren anerkannt, erhalten sie zunächst eine befristete Aufenthaltserlaubnis für unser Land . Sie sind damit in vielerlei Hinsicht den Deutschen gleichgestellt, insbesondere haben sie Anspruch auf Sozialhilfe, Kindergeld, Erziehungsgeld, Eingliederungsbeihilfen und Sprachförderung sowie sonstige Integrationshilfen. Doch nicht immer ist der Antrag auf ein Bleiberecht in Deutschland von Erfolg gekrönt.

Wird der Asylantrag abgelehnt, sind die Betroffenen in der Regel zur Ausreise aus Deutschland verpflichtet (11).

05

Gibt es eine gemeinsame europäische Flüchtlingspolitik?

Die Verpflichtung der EU, Schutzbedürftigen zu helfen, ist in der Charta der Grundrechte und im Vertrag über die Arbeitsweise der Europäischen Union verankert. Die Asylpolitik der Europäischen Union besteht in dem Versuch, in den Mitgliedstaaten ein gemeinsames europäisches Asylsystem (GEAS) für die Durchführung von Asylverfahren und die Unterbringung und Versorgung von Asylsuchenden zu verwirklichen. Es zielt auf die Angleichung der Asylsysteme der EU-Mitgliedstaaten, damit die Asylbewerber in allen Mitgliedsstaaten gleichbehandelt werden. Außerdem ermöglicht es den Abgleich von Fingerabdrücken von Asylbewerbern über die Datenbank EURODAC.

Die Genfer Flüchtlingskonvention definiert 1951 im Auftrag der Vereinten Nationen genau, wer als Flüchtling gilt, um den Betroffenen einen rechtlichen Schutzrahmen zu gewährleisten. Ein Flüchtling ist per Definition eine Person, die sich außerhalb ihres Heimatstaates aufhält, da ihr dort aufgrund ihrer Rasse, Religion, Nationalität, politischen Überzeugung oder Zugehörigkeit zu einer bestimmten sozialen Gruppe Verfolgung droht.

Die Staaten, die der Flüchtlingskonvention beigetreten sind, sichern Flüchtlingen eine Grundversorgung zu. Zudem steht ihnen Religionsfreiheit zu, sie können ordentliche Gerichte anrufen, ihnen wird ein Reisedokument ausgestellt und sie sollen vor Diskriminierung geschützt werden. Außerdem darf ein Flüchtling nicht in ein Land zurückgeschickt werden, in dem ihm Verfolgung droht.

In der Auslegung der Konvention wenden die Länder verschiedene Regelungen an. Das deutsche Asylrecht beispielsweise erkennt Asylbewerber nicht an, wenn sie über einen sogenannten "sicheren Drittstaat" eingereist sind. Auch muss die Verfolgung zielgerichtet und aufgrund der persönlichen Merkmale des Bewerbers erfolgen; allgemeine Notsituationen im Heimatland werden nicht anerkannt.

Nicht unter die Genfer Flüchtlingskonvention fallen Migranten: Menschen, die aus wirtschaftlichen Gründen ihr Heimatland verlassen oder vor Umweltkatastrophen, Kriegen oder Hunger fliehen. Die Aufnahme von Migranten regelt jedes Land individuell, es gibt keine verbindlichen Richtlinien wie bei Flüchtlingen, obwohl beide Gruppen oft die gleichen Wege gehen (12).

Die Wurzeln der europäischen Asyl- und Flüchtlingspolitik stammen aus der Zeit der Römischen Verträge von 1957. Prozess der Entwicklung eines europäischen Binnenmarktes läuft einher mit den Anfängen der Vereinheitlichung der Asylpolitik. Dabei werden besonders große Fortschritte in den 1980er Jahren durch eine immer enger werdende polizeiliche Zusammenarbeit und letztlich durch das Schengener Übereinkommen von 1985 sowie durch die Europäische Akte von 1986 erzielt. Der Maastrichter Vertrag aus dem Jahr 1992 wird als großer Fortschritt in Bezug auf die Asyl- und Flüchtlingspolitik gehandelt, da diese hier erstmals als „Angelegenheiten von gemeinsamem Interesse" apostrophiert werden. Da Entscheidungen in diesem Themenfeld einstimmig getroffen werden müssen, bleibt die Entscheidungshoheit in der Flüchtlings- und Asylpolitik aber weiterhin bei den Mitgliedstaaten. Diese treten ihre Entscheidungsbefugnis erst 1997 im Zuge des Amsterdamer

Vertrages, der die rechtlichen Rahmenbedingungen für eine gemeinsame EU-Asylpolitik festlegt, an die EU ab.

Am 1. September 1997 tritt das Dubliner Übereinkommen in Kraft. Es weist demjenigen Staat, in den der Asylbewerber nachweislich zuerst eingereist ist, die Zuständigkeit für das Asylverfahren zu.

Vor einer inhaltlichen Prüfung des Asylantrags wird die Zuständigkeit des Mitgliedstaates geprüft. Gegebenenfalls muss der Asylbewerber in den für sein Asylverfahren zuständigen Mitgliedstaat überstellt werden.

Das Tampere-Programm von 1999 soll die bisherige Asyl- und Flüchtlingspolitik durch ein kollektives Asylsystem und durch eine vergemeinschaftete Migrationspolitik untermauern und infolgedessen die EU zu einem „Raum der Freiheit, der Sicherheit und des Rechts" entwickeln. Dem liegt die Idee zugrunde, einen einheitlichen Schutzraum, in dem alle Flüchtlinge gleichbehandelt werden und jeder Mitgliedstaat das gleiche Schutzniveau erfüllt, zu verwirklichen. Konkret bedeutet das, dass jeder Mitgliedstaat rechtliche Mindeststandards, besonders alle Regelungen der Genfer Flüchtlingskonvention und das Prinzip der Nichtzurückweisung, verankert hat. 2001 wird nach der Kosovo-Krise die Richtlinie 2001/55/EG (Massenzustrom-Richtlinie) geschaffen, die einen Mechanismus zum vorübergehenden Schutz von Vertriebenen und einen Solidaritätsmechanismus der Mitgliedstaaten für den Fall vorsieht, dass der Europäische Rat per Beschluss einen „Massenzustrom" feststellt. Diese Richtlinie wird in nationale Gesetze umgesetzt, so etwa in Deutschland durch §24 AufenthG, wurde aber bisher (Stand: Dezember 2015) keinmal angewandt.

Seit Anfang des 21. Jahrhunderts bemühen sich die Mitgliedstaaten noch intensiver um eine Vergemeinschaftung der Asylpolitik, weshalb im Haager Programm 2004 ein zweistufiger Plan entworfen wird, diese EU-weit zu harmonisieren.

Die Asylaufnahmerichtlinie (2003/9/EG) enthält Mindeststandards für die Aufnahme und Versorgung von Asylbewerbern, die Qualifikationsrichtlinie (2004/83/EG) soll dafür sorgen, dass auch denjenigen Flüchtlingen subsidiärer Schutz geboten wird, die kein Anrecht auf Asyl haben, aber auf Basis der Europäischen Menschenrechtskonvention nicht dorthin abgeschoben werden dürfen, wo Ihnen Gefahr für

Leib und Seele droht. Die Asylverfahrensrichtlinie (2005/85/EG) stellt die Mindestnormen für das Asylverfahren auf.

Das Grünbuch der EU-Kommission vom 6. Juni 2007 und ihr Strategiepapier vom 17. Juni 2008 verstärken noch einmal den gesamteuropäischen Ansatz einer gemeinsamen Asyl- und Flüchtlingspolitik. Die Kommission verdeutlicht den Willen, den Flüchtlingen ein faires Verfahren in jedem Mitgliedstaat der EU zu garantieren. Dies soll eine unverhältnismäßige Verteilung in den EU-Ländern und Sekundärbewegungen verhindern. Die Neufassung der Asylverfahrensrichtlinie (Richtlinie 2013/32/EU) führt gemeinsame Verfahren für die Zuerkennung und Aberkennung des internationalen Schutzes ein. Die Richtlinie 2013/33/EU (Aufnahmerichtlinie) setzt Normen für die Aufnahme von Personen, die internationalen Schutz beantragen. Die Verordnung EU Nr. 603/2013 (Eurodacerordnung) zum Abgleich von Fingerabdrücken soll verhindern, dass Asylbewerber in mehreren Mitgliedstaaten Asyl beantragen. Die Nachfolge des Haager Programms stellt das Stockholmer Programm für die Jahre 2010 bis 2014 dar.

Nachdem im Zuge der Flüchtlingskrise in Europa ab 2015

Mitgliedsländer beginnen, bei ihnen in die EU eingereiste Flüchtlinge nicht zu registrieren, um zu verhindern, dass sie bei einer Weiterreise in andere EU-Staaten zu ihnen zurückgeschickt werden können, ist das Dublin-Abkommen faktisch nicht mehr wirksam.

In der öffentlichen Debatte im Zuge der Flüchtlingskrise 2015 besitzt kein westeuropäischer Politiker den Mut, das europäische Asylsystem mit seinem Zutrittsrecht für jeden Asylbewerber zu reformieren. Wichtiger erscheint es, sich in besonderem Maße ethisch zu zeigen. So wird, obschon kaum Arbeitsmigration benötigt wird, über das Asylrecht den potenziellen Migranten zunächst ein Aufenthalt in der EU ermöglicht. Selbst wenn ein Schutzantrag dann abgelehnt wird, ist die Gefahr einer Abschiebung gering. Da einerseits das Asylrecht nicht verschärft wird, die Länder bis auf wenige Ausnahmen ihre Außengrenzen nicht schließen wollen, andererseits die hohen Zuzugszahlen von Schutzsuchenden aber nicht mehr vertretbar sind, entscheiden sich EU-Funktionäre, die Grenzsicherung gegen Bezahlung an Drittstaaten "auszulagern".

Dazu werden entsprechende Vereinbarungen getroffen, unter anderem 2016 mit der Türkei, 2017 mit Libyen. Die koordinierte Asyl- und Flüchtlingspolitik der Europäischen Union ist somit zusammengebrochen (13).

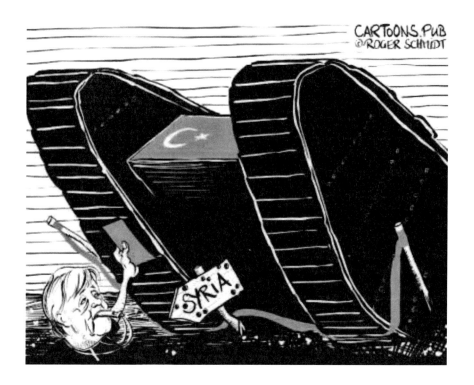

06

Nie, Nem, Ne – müssen nicht alle EU-Staaten Flüchtlinge aufnehmen?

Die Europäische Union gerät in der andauernden Flüchtlingskrise zunehmend unter Druck. Sie plant, die Verteilung der Flüchtlinge anhand eines Verteilungsschlüssels, der unter anderem die Bevölkerungszahl, die Wirtschaftskraft, sowie individuelle Faktoren wie die Familienzusammenführung und Sprachkenntnisse berücksichtigen soll, zu organisieren. Leider jedoch setzen die EU-Staaten die gemeinsame Flüchtlingspolitik sehr unterschiedlich um. Wie wir im letzten Kapitel erfahren haben, gibt es sogar Länder, die angesichts der Flüchtlingskrise ihre Grenzen schließen. Im Krisenverlauf missachten einige EU-Staaten zentrale Vereinbarungen, die aus dem Schengener Abkommen von 1985 und dem Dubliner Übereinkommen von 1990 hervorgegangen sind, und verweigern sich einer gerechten Verteilung der Flüchtlinge. Die Asylpolitik der Europäischen Union und die europäische Migrationspolitik scheint vorerst gescheitert. Das Solidaritätsprinzip, dem sich die EU verschrieben hat, funktioniert nicht, stattdessen betreiben mehrere Länder nationale Einwanderungs- und Flüchtlingspolitik. Das stellt nicht nur die Integrationsfähigkeit der EU in Frage, sondern führt auch zum Erstarken nationalkonservativer, nationalistischer und rassistischer Kräfte in vielen europäischen Staaten (14).

Es stellt sich die Frage, ob sich weigernde Länder nicht mit Sanktionen in Form von Handelsbeschränkungen bedacht werden sollten, um sie womöglich zum Umdenken zu bewegen. Dem entgegen stehen allerdings oftmals die wirtschaftlichen Interessen der sich EU-konform verhaltenden Länder.

Schauen wir uns die deutschen Wirtschaftsbeziehungen zu drei dieser Länder einmal an.

Ungarn wird zu anno 2015 als Durchgangsstation Richtung Deutschland zum Brennpunkt der Flüchtlingskrise. Die massenhafte Einwanderung erfülle die Menschen in Ungarn "mit Angst", sagt der rechtskonservative Regierungschef Viktor Orban und lässt die Grenzen zu Serbien, Kroatien und Slowenien schließen (15). Im Jahr 2018 exportiert Deutschland Güter im Wert von 26.291.196.000€ nach Ungarn, der Betrag für importierte Waren beläuft sich auf 27.623.194.000. Die wichtigsten Güter dabei sind sowohl im Export wie im Import Maschinen, Kraftwagen und Kraftwagenteile, Datenverarbeitungsgeräte, elektronische und optische Erzeugnisse, sowie elektrische Ausrüstungen (16).

In Polen hat man Angst, dass die EU massenhaft Muslime in das katholisch geprägte Land schickt. Deshalb steht man auf dem Standpunkt, dass es die souveräne Entscheidung eines jeden Landes sein müsse, wie viele Flüchtlinge es aufnimmt. Wie die Zahlen des deutschen Statistikamtes (Destatis) verdeutlichen, legt der deutsch-polnische Warenaustausch stetig und kräftig zu. Die Exporte steigen 2018 um 6,36% auf 63.322.092.000€, die Importe um 8,14% auf 55.171.620.000€ (17).

Die wichtigsten deutschen Exportgüter nach Polen sind hierbei: Maschinen, Kraftwagen und Kraftwagenteile, Chemische Erzeugnisse, Datenverarbeitungsgeräte, zudem elektronische und optische Erzeugnisse.

Die bedeutendsten deutschen Importgüter aus Polen sind:

Kraftwagen und Kraftwagenteile, sonstige Waren, Nahrungsmittel und Futtermittel, Maschinen. Polen hat anno 2018 seine Position als siebtwichtigster Handelspartner Deutschlands erneut unterstrichen und liegt damit im Ranking vor der Schweiz, Spanien und Russland. Deutschland wiederum ist der mit Abstand wichtigste Handelspartner Polens: Mehr als 28% der Exporte gingen 2017 nach Deutschland und fast 23% der polnischen Importe kamen aus Deutschland. Michael Kern, Geschäftsführendes Vorstandsmitglied der AHK Polen, erwartet, dass der Handel zwischen Deutschland und Polen weiter zulegen wird: „Aufgrund der guten wirtschaftlichen Beziehungen, der zuletzt getätigten Investitionen deutscher Unternehmen in Polen, aber auch durch die zunehmenden Aktivitäten polnischer Unternehmen auf dem deutschen Markt, gehen wir davon aus, dass sich der Warenaustausch zwischen Deutschland und Polen weiter intensivieren wird (18)".

Tschechien lehnt Flüchtlingsquoten gleichfalls von Beginn der Flüchtlingskrise an ab.

"Die Tschechen haben Angst vor dem Unbekannten", sagt der Soziologin Yana Leontiyeva von der Prager Wissenschaftsakademie.

Präsident Milos Zeman warnt vor "einer künstlichen Vermischung der Nationen, Kulturen und verschiedenen Religionen".

Nach Tschechien exportiert Deutschland im Jahr 2018 Güter im Gesamtwert von 44.224.732.000€ und importiert im Gegenzug Sachwerte in Höhe von 47.739.352.000€. Die bedeutendsten deutschen Ex- und Importgüter im Handel mit der Tschechischen Republik sind Kraftwagen und -wagenteile, Maschinen, sonstige Waren, Datenverarbeitungsgeräte, sowie elektronische und optische Erzeugnisse.

Neben den erwähnten Staaten gibt es noch weitere Länder, die die Aufnahme von Flüchtlingen verweigern. Die Slowakei mit dem Verweis darauf, keinerlei Erfahrung mit der Integration fremder Kulturen zu haben, Rumänien und Bulgarien verstärken ihre Grenzen, Estland, Lettland und Litauen fordern eine Verteilung nur auf freiwilliger Basis (19).

Im Jahr 2018 exportiert Deutschland Produkte im Wert von insgesamt 1317,93 Milliarden €. Davon entfallen auf Ungarn

27.623.194.000, auf Polen 55.171.620.000 und auf Tschechien 47.739.352.000€.

Mit einem Gesamtwert von 130.534.166.000€ machen diese drei Länder somit im Jahr 2018 10,09% des Exportvolumens Deutschlands aus. Würde die deutsche Regierung die Exporte aussetzen, um die Staaten zu einer EU-konformen Flüchtlingspolitik zu bewegen, wäre dies wahrlich ein stolzer Preis.

Andererseits ist Deutschland mit einem Bruttoinlandsprodukt von 3.386.000 Millionen das wirtschaftlich mit großem Abstand stärkste Land der Europäischen Union, gefolgt von England (2.393.692) und Frankreich (2.353.090) (20). Das heißt natürlich keinesfalls, dass es sich Deutschland mir nichts dir nichts erlauben kann, den Handel, mit allen EU-Mitgliedsstaaten, die die gemeinsame Flüchtlings- und Asylpolitik verweigern, zu boykottieren.

Man kann sich leicht ausrechnen, was es unser Land kosten würde, bedingungslos und gegenüber allen Ländern konsequent zu sein.

Denkbar scheint jedoch, zunächst ein Exempel zu statuieren und lediglich ein oder zwei abtrünnige Länder zu sanktionieren. Vielleicht ginge schon davon eine Signalwirkung aus, weil jedes Land, das die Flüchtlingsaufnahme verweigert, befürchten müsste, als nächstes boykottiert zu werden. Und weil viele der sich weigernden Ländern wirtschaftliche Probleme haben und sie demgemäß ein Abbruch der Wirtschaftsbeziehungen zu Deutschland schwer treffen würde. Ich verweise auf die oben angesprochene exorbitante Bedeutung der Wirtschaftsbeziehungen zu Deutschland für Polen.

Es wäre wünschenswert, dass Deutschland als stärkste Wirtschaftsmacht der EU hier eine Vorreiterrolle übernimmt. Andere Staaten können es sich kaum leisten.

Trotz teils nachvollziehbarer Argumente ist ein EU-inkonformes Verhalten einzelner Mitgliedsländer in der Flüchtlingsfrage nicht tolerierbar.

Wer Mitglied in der Europäischen Union bleiben will, muss deren Regeln und Vorgaben akzeptieren und umsetzen.

Im Spätsommer 2020 erhält die nicht enden wollende Diskussion über die kontinentale Verteilung der Flüchtlingsströme neue Nahrung. Anfang September gerät das griechische Flüchtlingslager Moria in Brand. Es befindet sich im Landesinneren der ostägäischen Insel Lesbos nahe der Ortschaft Moria in der Gemeinde Mytilini. In dem für 2.800 Personen konzipierten Lager leben zeitweilig 20.000 Menschen; es ist Europas größtes Flüchtlingslager Die Flammen breiten sich schnell aus in der provisorischen Flüchtlingsunterkunft auf der hellenischen Insel. Der Präsident der Feuerwehrgewerkschaft weiß zu berichten, dass das Camp "zu 99 Prozent abgebrannt" sei, das Staatsfernsehen zeigt Bilder von verkohlten Containerwohnungen und verbrannten Zelten rund um das Camp. Es gibt nach Angaben der Feuerwehr auf Lesbos weder Verletzte noch Tote. Mehrere Menschen ziehen sich leichte Rauchvergiftungen zu.

Ob die Brände von Migranten oder Inselbewohnern gelegt wurden, bleibt vorerst unklar. Vorangegangen jedenfalls waren Unruhen unter den Migranten, weil das Lager nach einem ersten Corona-Fall unter Quarantäne gestellt worden war. Nach Ausbruch des Feuers hätten Lagerbewohner die Feuerwehrleute mit Steinen beworfen und versucht, sie an den Löscharbeiten zu hindern, berichtet der Einsatzleiter im Fernsehen. Die griechische Regierung spricht von Brandstiftung und verstärkt die Sicherheitseinheiten auf der Insel. Wenige Tage nach dem verheerenden Brand nehmen die griechischen Sicherheitskräfte sechs mutmaßliche Brandstifter fest. Aus Kreisen der Polizei heißt es, es handele sich um junge Migranten. Afghanen, deren Asylanträge abgelehnt worden waren (21).

Es war zu befürchten, dass das Lager eine tickende Zeitbombe ist. Wut staut sich dort auf, wo Perspektivlosigkeit herrscht. Und gleichzeitig hören die Migrationsbewegungen nicht auf. Auch dann nicht, wenn die Willkommenskultur, erst recht in Corona-Zeiten, zurückgefahren wird.

Die Geschehnisse in Moria sind der sichtbare Ausdruck eines jahrelangen europäischen Politikversagens. Zudem eines solchen, welches vorherzusehen war. Das Resultat einer gescheiterten europäischen Grenz- und Asylpolitik, die einst mit dem EU-Türkei-Deal 2016 begann. Es ist seit Jahren klar, dass diese Politik scheitern muss, wenn sie nicht endlich als gesamteuropäische Aufgabe verstanden und auch umgesetzt wird.

Als das Flüchtlingslager in Schutt und Asche liegt, rufen die Menschen vor Ort im Chor nach Angela Merkel.

Und in unserem Land keimt die seit einem halben Jahr von der Corona-Krise in den Hintergrund gedrängte Frage nach der Verteilung der Flüchtlinge unmittelbar wieder auf.

Den Menschen auf der griechischen Insel Lesbos, die selbst das Wenige, was Sie hatten, verloren haben, muss geholfen werden. Umgehend.

Doch auch in dieser Notsituation lassen die europäischen Eitelkeiten eine Soforthilfe nicht zu. Während viele europäische Länder erst gar nicht daran denken, spontan Menschen aufzunehmen, formieren sich in Deutschland erneut zwei Lager: Die, die darauf insistieren, die Not leidenden Menschen aus humanitären Gründen aufzunehmen, egal, ob unsere europäischen Nachbarn gleiches tun oder auch nicht. Und jene, die vehement eine europäische Lösung fordern, um nicht durch die Aufnahme von Flüchtlingen in dieser Ausnahmesituation erneut Anreize für eine weitere unkontrollierte Zuwanderung nach Deutschland zu setzen.

Die deutsche Bundesregierung muss sich ihrer Verantwortung stellen. Schließlich war sie maßgeblich beteiligt an der Wiederherstellung des Grenzregimes.

Und nicht zuletzt hat sie gerade die EU-Ratspräsidentschaft inne. Die beste Voraussetzung, um endlich eine kontinentale Lösung auf den Weg zu bringen.

Dafür jedoch erscheint ein anderes Gebaren Deutschlands unumgänglich. Denn die EU-Partner sind keinesfalls einverstanden mit der Flüchtlingspolitik made in Germany.

„Viele unserer Nachbarn sagen mir: Warum sollen wir uns beteiligen, wenn die Deutschen immer wieder als Moral-Weltmeister auftreten und uns damit unter Druck setzen", sagt Horst Seehofer.

Manche Partner aus der Europäischen Union würden sich an 2015 erinnert fühlen, als Deutschland zuerst die Grenzen öffnete und erst dann fragte, wer noch Migranten aufnimmt.

„Diese Reihenfolge schätzen viele EU-Staaten nicht". Nach dem Brandanschlag in Moria dasselbe Szenario: Erst entscheidet Deutschland alleine und dann sucht es Mitstreiter. Angesichts der Situation auf der griechischen Insel Lesbos erwartet der Bundesinnenminister jetzt einen handfesten Vorschlag, damit „wir bis Ende des Jahres eine politische Verständigung über die europäische Asylpolitik haben" (22).

Es muss ein klarer Kurs gefahren werden – nicht zuletzt, um die einheimische Bevölkerung nicht zusätzlich zu verwirren, die sich zurecht fragt: „Warum nehmen wir die auf und andere nicht?".

07

Ist Flüchtlingspolitik ein staatliches
Machtinstrument?

Im "Neo Magazin Royale" vom 31. März 2016 trägt der
deutsche Satiriker Jan Böhmermann unter dem Titel
"Schmähkritik" ein Gedicht vor, in welchem dem türkischen
Staatspräsidenten Recep Tayyip Erdogan verschiedene
potenziell beleidigende Attribute und Tätigkeiten zuge-
schrieben werden.

Unter anderem verwendet Böhmermann Klischees über
Türken mit rassistischen Anklängen ("Sein Gelöt stinkt
schlimm nach Döner"), Pennälerhumor-Ausdrücke ("Die
dumme Sau hat Schrumpelklöten"), persönliche Verun-
glimpfungen ("Sein Kopf so leer wie seine Eier"), und bezieht
sich auf verrufene politische Praktiken ("Am liebsten mag er
Ziegen ficken und Minderheiten unterdrücken, Kurden treten,
Christen hauen und dabei Kinderpornos schauen") (23).

Man mag vom türkischen Staatspräsidenten halten was man
will – Böhmermanns Poem ist nach meinem Empfinden weder
witzig noch smart, sondern einfach nur dumm und

geschmacklos. Billig. Erbärmlich. Wie man über ein solches „Gedicht" lachen, nein, auch nur schmunzeln kann, erschließt sich mir nicht. Allerdings habe ich mit Satire auch wenig am Hut. Das war zu Zeiten eines Dieter Hildebrandt einmal anders. Komiker vom Format eines Loriot jedenfalls wälzen sich wahrscheinlich mit Schaudern in ihren Gräbern.

Wie nicht anders zu erwarten, reagiert der türkische Präsident Recep Tayip Erdogan prompt auf die Verunglimpfung aus Deutschland und droht Böhmermann mit Strafverfolgung. Die deutsche Bundesregierung entschließt sich, die Strafverfolgung gegen Jan Böhmermann zuzulassen.
"Im Ergebnis wird die Bundesregierung im vorliegenden Fall die Ermächtigung erteilen", so der Wortlaut von Angela Merkels' Statement.

Im Oktober des gleichen Jahres werden Journalisten der regierungskritischen Zeitung „Cumhuriyet" verhaftet. Auch diesbezüglich hört man aus Berlin nur zaghafte Kritik an Erdogans autokratischem Kurs (24).

Es hat fast den Anschein, dass die Razzien und Verhaftungen unter den Teppich gekehrt werden. Can Dündar, einst Chefredakteur des Blattes, fordert ein „klares, mutiges Signal für die Demokratie in der Türkei" von Deutschland und aus der Europäischen Union. „Seit Jahren sind die Europäer dauernd besorgt", klagt er in einem Interview mit der „Welt". Und ergänzt resigniert: „Aber das ändert nichts."

Auch als Erdogan am 14.Februar 2017 den Welt-Korrespondenten Deniz Yücel in den Knast sperren lässt, bleibt eine unmissverständliche Reaktion aus Berlin aus. „Bitter enttäuscht" sei sie, betont Bundeskanzlerin Merkel, anstatt mit Vehemenz auf einer Freilassung des unter fadenscheinigen Umständen inhaftierten Journalisten zu insistieren. „Bitter enttäuscht" - sonst kommt nichts.

Noch drei Monate zuvor, bei ihrem letzten Besuch in Ankara, hat Merkel Erdoğan ausdrücklich auf die überragende Bedeutung der Pressefreiheit und einen fairen Umgang mit den deutschen Korrespondenten am Bosporus hingewiesen. Die Antwort Erdoğans ist es, Deniz Yücel ins Gefängnis werfen zu lassen.

In den Medien wird die deutsche Bundeskanzlerin in jenen Monaten als „Witzfigur" für die Despoten weltweit bezeichnet (25).

Auch im Europa-Parlament kommt heftige Kritik an der

Reaktion aus Berlin auf. Europaparlamentsvize Alexander Graf Lambsdorff (FDP) beklagt eine „Zaghaftigkeit der Bundesregierung, die es dabei belässt, ihrer Sorge wiederholt Ausdruck zu verleihen". „Es muss völlig klar sein, dass ohne eine Kehrtwende in der Türkei Visumfreiheit und ein EU-Beitritt überhaupt nicht denkbar sind" (26).

Warum aber kuscht Angela Merkel vor dem türkischen Präsidenten? Warum reagiert Deutschland nicht auf die offensichtlichen Verfehlungen des Staatsoberhauptes vom Bosporus? Warum laviert Deutschland in der Frage, wie deutlich man angesichts der stets neuen Verstöße Erdogans gegen die Prinzipien von Rechtsstaatlichkeit und Demokratie reagieren möchte?

Die Türkei hat als Markt für die EU massiv an Bedeutung gewonnen, sie kann als eines der wenigen Länder eine wachsende Bevölkerung aufweisen. Wirtschaftlich hat die EU ein enormes Interesse, eng mit der Türkei zusammen-zuarbeiten, schließlich kann das Land als Markt qualifizierter Arbeitnehmer künftig eine hohe Bedeutung für Europa haben. Vor allem aber ist die Türkei in der Flüchtlingsfrage unverzichtbar geworden. Im Abkommen vom März 2016 vereinbaren die EU und die Türkei, dass Syrer in der Türkei bleiben und nicht etwa die Überfahrt nach Griechenland antreten. Dazu soll die Türkei ihre Grenzen nach Europa strenger kontrollieren. Syrische Flüchtlinge, die es von der Türkei aus aber auf die griechischen Ägäis-Inseln schaffen und dort kein Asyl bekommen, muss die Türkei zurücknehmen. Ohne das Abkommen würden noch mehr Syrer in die EU kommen können. In der Türkei leben Ende 2016 etwa 3,6 Millionen syrische Flüchtlinge - das sind so viele Menschen, wie in Berlin wohnen. Außerdem ist der Krieg in Syrien nicht vorbei, und schon bald könnten sich mehrere Millionen Menschen auf den Weg nach Europa machen. Das erklärte Ziel Europas ist es nach wie vor, die Türkei in einen „Leuchtturm" der Demokratie zu verwandeln, der weit in die islamische Welt hinein strahlt. Die Flüchtlingsströme nach Europa können auch dank eines Abkommens mit der Türkei eingegrenzt werden. Ein Frieden in Syrien, der eine Rückkehr der Flüchtlinge ermöglichen würde, ist ebenfalls nur gemeinsam mit der Türkei möglich. Europa ist abhängiger denn je von seinem östlichen Nachbarn. Man hat deshalb seitens der EU kein Interesse, diesbezügliche Gesprächsfäden durch zu harte Kritik abreißen zu lassen. Vor diesem Hintergrund erklärt sich wohl auch die Art und Weise, in der die Europäische Union im Umgang mit der Türkei hadert. Zwar verurteilen Abgeordnete das Land regelmäßig mit harten Worten. Doch die Vertreter von Regierungen und Behörden halten sich zurück. Der Vorsitzende des Auswärtigen Ausschusses im Europaparlament, Elmar Brok (CDU), tritt dafür ein, klare Botschaften nach Ankara zu senden. „Die EU ist nicht erpressbar, weil die Türkei aus wirtschaftlichen Gründen mindestens so viel Interesse an einer guten Beziehung zur EU hat wie umgekehrt", sagt Brok der „Welt" (27). Mag man über den „Casus Böhmermann" noch streiten – die Stürmung der Redaktion der Zeitung Cumhuriyet und die Verhaftung Deniz Yücels hätten als Reaktion weit mehr als nur Enttäuschung gefordert. Auch, weil Deutschland objektiv in einer weit stärkeren Position ist, als es den Anschein hat. Die türkische Wirtschaft ist in einer kritischen Situation und braucht Unterstützung. Erdoğan ist auf Investitionen aus der EU angewiesen. Angesichts der finanziellen Situation des Landes ist die Drohung mit der Aufkündigung des Flüchtlingspakts wenig glaubwürdig.

Erdoğan kann sich einen Verzicht auf die Hilfsmilliarden aus Brüssel gar nicht erlauben (28).

Eine entschlossene Europäische Union mit einem starken Deutschland könnte Erdogan die Stirn bieten. Aufgrund der Flüchtlingsproblematik jedoch, so scheint es, besteht daran kein Interesse. Somit ist Deutschland, ist die Europäische Union, ein Stück weit erpressbar. Es stellt sich die Frage, ob für die deutsche Kanzlerin und ihr Gefolge die Interessen Erdogans womöglich schwerer wiegen als die Meinungs-, Presse- und Kunstfreiheit in Deutschland. Ob nicht die Flüchtlingspolitik missbraucht wird als staatliches Machtinstrument und Deutschland sich dies gefallen lässt.

Die Bundesregierung muss in Fällen solch drastischer Rechtsverletzungen, wie sie unter dem Regime Erdogan an der Tagesordnung sind, nicht nur hadern, tadeln und mahnen, sondern mit wirtschaftlichen Sanktionen drohen. Das ist die einzige Sprache, die Leute wie Erdoğan verstehen.

Tut sie dies nicht, verliert sie nicht nur in Europa an Glaubwürdigkeit – sondern auch in der eigenen Bevölkerung.

Auch innenpolitisch ist der Umgang mit der Flüchtlingskrise mitentscheidend für die Verteilung der Staatsmacht.

Politiker treffen aus wahltaktischen Gründen dabei mitunter die falschen Entscheidungen. Staaten werden von Politikern geführt.

Und Politiker benötigen Stimmen. So manchem Politiker ist daher das Hemd näher als die Hose: Richtig ist, was moralisch geboten ist, aber auch auf kurze Sicht Ergebnisse liefert – eventuellen negativen Auswirkungen zum Trotz.

So wird auch die Flüchtlingspolitik bisweilen stark an der Stimmungslage der Wählerschaft ausgerichtet.

Gerettete Flüchtlinge an die EU-Küste nach Lampedusa zu befördern, ist nicht nur ein humanitärer Akt, sondern dazu auch einer, der Stimmen bringt. Andererseits werden die langfristigen Folgen solcher Aktionen nicht immer berücksichtigt. Langfristig verantwortungsvoll wäre es, die Geflüchteten in ihre Heimat zurückzubringen und dort durch umfangreiche Hilfsprogramme für entsprechende Lebensbedingungen zu sorgen.

Es bleibt zu hoffen, dass dieses Szenario in den macht-
politischen Erwägungen unserer obersten Entscheidungsträger die ihm gebührende Rolle spielt.

08

Ist das noch Willkommenskultur oder bereits Willkommensfanatismus?

Wir haben sie alle noch im Kopf, die Bilder vom Münchner Bahnhof im Herbst 2015: Dutzende Polizisten sind im Einsatz, Absperrbänder werden gespannt, Einsatzfahrzeuge der Feuerwehr stehen bereit, Dixi-Klos werden herangeschafft, die Stadtwerke München haben Trinkwasserverteiler aufgestellt. Ausgelassene Menschen halten „Refugees welcome"-Schilder hoch, etliche von ihnen kommen mit Lebensmitteln, Wasser oder Babywindeln zum Bahnhof. An Tischen werden Äpfel, Bananen, Wasser und Müsliriegel verteilt. Auch Babynahrung, Milch und Kekse gibt es.

Sogar Kartons mit Plüschtieren stehen am Vormittag bereit, viele Kinder halten später glücklich einen Stoffbären in ihren Händen.

Mit verklärten Augen werden ankommende Flüchtlingskolonnen bejubelt, als die Züge mit Menschen aus Syrien und anderen Krisenländern einfahren, steigen bunte Luftballons in den Himmel, die Menge applaudiert frenetisch.

In den Fußballstadien hängen „Refugees welcome"-Banner, eine weitere humanitäre Geste, die Solidarität mit den Schutzsuchenden bekundet.

Deutschland, so hat man den Eindruck, schwebt in einer kollektiven Willkommenstrance. Man fühlt sich erinnert an weit zurück liegende Bilder, an die Rückkehr der deutschen Fußball-Nationalmannschaft nach dem Gewinn der Weltmeisterschaft 1954 oder die Ankunft der Beatles in Hamburg 1966.

"Die Hilfe von der Bevölkerung reißt nicht ab! Klasse!", twittert die Münchner Polizei begeistert (29).

Gerade weil die europäischen Nachbarländer eine eher restriktive Flüchtlingspolitik verfolgen, bemüht man sich in Deutschland, so hat es den Anschein, in besonderem Maße die Solidarität mit Flüchtlingen und die Bereitschaft, Flüchtlinge zu unterstützen, zur Schau zu stellen.

Der Begriff „Willkommenskultur" wird weltberühmt.

Das Wort „Kultur" ist eine Eindeutschung des lateinischen Worts cultura („Bebauung, Bearbeitung, Bestellung, Pflege"), das eine Ableitung vom lateinischen colere („bebauen, pflegen, urbar machen, ausbilden") darstellt (30).

Unter Kultur versteht man die Gesamtheit der von einer bestimmten Gemeinschaft auf einem bestimmten Gebiet während einer bestimmten Epoche geschaffenen, charakteristischen geistigen, künstlerischen, sowie gestaltenden Leistungen (31). Oft drückt sich in der Bezeichnung Kultur das jeweils lebendige Selbstverständnis und der Zeitgeist einer Epoche aus.

Das vorherrschende Selbstverständnis zu Beginn der Flüchtlingskrise repräsentiert zweifelsohne der Begriff der Willkommenskultur.

Er bezeichnet zum einen eine positive Einstellung von Bürgern, Politikern, Unternehmen, Bildungseinrichtungen, Sportvereinen und anderen Institutionen zu Migranten. Zum anderen drückt der Begriff den Wunsch aus, dass Migranten allen Menschen, denen sie begegnen, willkommen sein mögen.

Auch bezeichnet das Wort Willkommenskultur die Gesamtheit aller Maßnahmen, durch die eine positive Haltung gegenüber Migranten bei anderen gefördert und dem Gefühl von Migranten, willkommen zu sein, eine Grundlage in der Realität gegeben werden soll.

Neuerdings wird zum besseren Verständnis auch der Begriff Willkommens- und Anerkennungskultur verwendet, der eindeutig Menschen mit einer längeren Aufenthaltsdauer einbezieht (32).

Deutschland befindet sich anno 2015 in einem Gefühlsrausch, in einer Ausnahmesituation. Die vom Staat geforderte und von seinen Bürgern überdeutlich zur Schau gestellte Willkommenskultur führt zu einem regelrechten Hype, zu einem Trend, es ist 'in', Flüchtlinge willkommen zu heißen, man will dazugehören. Das Verhalten der deutschen Bevölkerung erinnert mich auffällig an zwei Ereignisse Anfang dieses Jahrtausends, an denen ich begeistert partizipierte.

„Wir sind Papst" prangert es am 20.April 2005 auf der Titelseite der Bild-Zeitung. Der deutsche Kardinal Joseph Ratzinger ist zum katholischen Kirchenoberhaupt gewählt worden und fortan wird aus der deutschen Bevölkerung ein Volk von Papstenthusiasten.

Als der frisch gewählte 'Pappa' im Rahmen des 20ten Weltjugendtages nach Köln kommt, platzt die Stadt aus allen Nähten.

Für viele Pilger und feiernde Papstbegeisterte beginnt der Weltjugendtag schon viel früher. Sie nutzen die Gelegenheit zu einer mehrtägigen Wallfahrt. So ist Köln in diesen Tagen voller 'Papsttouristen', allerorts herrscht eine beseelt-friedliche Stimmung, der man sich kaum entziehen kann.

Zehntausende Pilger strömen am Morgen in die Kölner Innenstadt, als 'Benedetto', wie ihn die Italiener liebevoll nennen, endlich in der Stadt weilt.

Die meist Gläubigen ziehen danach in Scharen zu den Rheinwiesen, wo Benedikt am Nachmittag vom Schiff aus eine Ansprache hält, später zum Dom, wo er am Abend erwartet wird.

Auch ich, vor unserem kollektiven 'Papst-sein' nicht sonderlich interessiert an Vatikan und Kirche, stehe knöcheltief im Rhein, als das Schiff mit Benedikt XVI meinen heutigen Wohnort Köln-Poll passiert und ziehe danach mit nassen Schuhen weiter in die Altstadt, wo der Gottesdienst aus dem Kölner Dom auf riesigen Leinwänden live übertragen wird.

Sogar auf den sogenannten 'Papsthügel' auf dem Marienfeld in Kerpen bei Köln, wo -man fühlt sich an das legendäre

Woodstock-Festival erinnert- Zigtausende rund um die kleine Erhebung ihre Zelte aufgeschlagen haben, um den Abschlussgottesdienst anlässlich des Papst-Besuches zu verfolgen, pilgere ich.

Das Medieninteresse deckt sich mit der „Papstmania" der Bevölkerung in diesen Tagen.

Der WDR berichtet sowohl im Fernsehen als auch im Radio (Weltjugendtagsradio von WDR 5) intensiv vom Geschehen rund um den Weltjugendtag. Die wichtigsten Veranstaltungen werden live in der ARD, im ZDF und bei Phoenix gezeigt, insgesamt beläuft sich die Dauer der Ausstrahlungen auf ca. 120 Stunden. Die Fernsehbilder werden von den internationalen Medien übernommen. Den feierlichen Abschlussgottesdienst auf dem Marienfeld sehen weltweit ca. 250 Millionen Menschen.

Im Zuge des Papstbesuches wird auch ein WebTV Sender eröffnet, der exklusiv über das Geschehen während des Weltjugendtages berichtet und der Verlag DuMont Schauberg verteilt täglich kostenlose Sonderausgaben seines Tabloid-Magazins Kölner Stadt-Anzeiger DIREKT (33).

Ein Jahr später ist Deutschland erneut im kollektiven Rauschzustand. Vier Wochen lang absolutes Hochsommerwetter, die Großstädte überbieten sich mit dem Aufstellen von Großleinwänden, die Häuserfassaden und Balkone unseres Landes zieren Deutschlandfahnen.

Die als „Sommermärchen" in die Annalen eingegangene Fußball-Weltmeisterschaft 2006 in Deutschland ist ein gemeinschaftliches Euphorieerlebnis sondergleichen.

Die WM 2006 gilt als Initialzündung für das Phänomen des 'Public Viewing', welches uns seitdem alle zwei Jahre ereilt: Bei jeder Europa- oder Weltmeisterschaft schmücken wir unsere fahrbaren Untersätze mit Spiegelhussen oder kleinen Deutschlandfähnchen, notieren jedes Resultat auf dem Spielplan, der auf den Küchenschrank geklebt wird und schauen im Nationaltrikot beim Rudelgucken, wie zweiundzwanzig Herren ein Stück Leder mit den Füßen malträtieren.

Auch viele derjenigen machen mit, die sonst den TV-Kanal wechseln, wenn Fußball läuft – schließlich „ist E(W)M"!

Seien wir ehrlich: Haben wir nicht anno 2015 insgeheim alle tagtäglich damit gerechnet, dass irgendein Politiker oder

Medienvertreter in Anlehnung an „wir sind Papst" nunmehr „wir sind Willkommenskultur" postuliert und im Zusammenhang mit der Flüchtlingskrise vom „Willkommensmärchen" gesprochen wird?

Widmen wir uns nun der Frage, wie die Willkommenskultur vom Staat gelebt wird, wie die große Zahl der Flüchtlinge auch materiell willkommen geheißen wird.

Wer als Flüchtling nach Deutschland kommt, erhält, so liest man, im Falle der Bedürftigkeit gemäß seinem Anspruch aus dem Asylbewerberleistungsgesetz lediglich ein paar lebensnotwendige Grundleistungen: Nahrung, Unterkunft, Kleidung, ein paar Utensilien für die Körperpflege, und die allernötigsten Gebrauchs- und Verbrauchsgüter für den Haushalt. Hinzu kommt ein Taschengeld von 140 Euro im Monat.

Die Grundleistungen sind somit noch niedriger als die Hartz-IV-Leistungen. Erst nach fünfzehn Monaten erhalten Asylsuchende unter bestimmten Bedingungen Leistungen auf Hartz-IV-Niveau. Anerkannte Flüchtlinge haben bei Bedürftigkeit die gleichen Sozialleistungsansprüche wie deutsche Staatsangehörige. So weit, so gut.

Es kursieren allerdings Gerüchte, dass Flüchtlinge als 'Erstausstattung' auch Smartphones und elektronische Geräte von staatlichen Stellen erhalten, die aus Steuergeldern finanziert werden. Ein durchaus seriös wirkender Bekannter, seines Zeichens Beamter bei der Stadt Köln und alles andere als fremdenfeindlich, weiß zu berichten, dass in einigen Kölner Flüchtlingsheimen ein neues i-Phone, ein Flachbildfernseher und neue IKEA-Möbel durchaus zur „Willkommens-ausstattung" gehören.

Über „drei Ecken" habe ich gehört, dass im Frankfurter Raum ähnliche Praktiken an den Tag gelegt werden. Im Internet werden solche Behauptungen jedoch oft als haltlos tituliert. Ich weiß nicht, was der Wahrheit entspricht. Vielleicht erfindet der eine oder andere solche Geschichten auch nur, um sich interessant zu machen. Vielleicht aber auch nicht. Vom Bauchgefühl her und angesichts der Tatsache, wie Politik, Medien und Bevölkerung hierzulande die Willkommens-kultur idealisieren, kann ich mir solche Praktiken jedenfalls durchaus vorstellen. Und sollte es sich wirklich so verhalten, dass Flüchtlinge in der beschriebenen Form bevorzugt werden, ist eine solche, dann falsch verstandene

Willkommenskultur aus meiner Sicht absolut inakzeptabel. Würden doch solche Praktiken die sozial schwächeren deutschen Bürger, die Geringverdiener und Hartz-IV-Empfänger, deutlich benachteiligen und letztendlich dadurch nicht etwa gelebte Willkommenskultur, sondern eine Ungleichbehandlung darstellen, die verständlicherweise zu Missgunst und Ressentiments führt. Asyl ist nicht gleich Wohlstand - tun es gebrauchte Fernseher, Handys und Möbel nicht auch?

Bei der Recherche zu diesem Thema muss ich jedenfalls wiederholt Statements lesen wie „Wer anderslautende Behauptungen aufstellt, tut dies aus einem einzigen Grund: Um Ressentiments und Fremdenhass zu schüren". Da haben wir es wieder, dass in unserer Gesellschaft allgegenwärtige Schwarz-Weiß-Denken: Nein, ich erwähne die anderslautenden Behauptungen nicht, um meiner nicht vorhandenen Fremdenfeindlichkeit Ausdruck zu verleihen. Ich bin mit einer Polin verheiratet, soviel dazu. Jedoch muss eine kritische Haltung auch in der Frage der Flüchtlingspolitik erlaubt sein.

Wer jemandem, der völlig neutral BEIDE Seiten einer Sache beleuchtet, unlautere Absichten unterstellt, ist selbst derjenige, der Vorurteile hegt. Denn ein kritisches Hinterfragen dessen, was man aus sicherer Quelle erfährt, hat nichts mit Flüchtlingsfeindlichkeit oder Fremdenhass zu tun.

Wie kommt es dazu, dass man in Deutschland dazu neigt, mit Beginn der Flüchtlingskrise rund um den Begriff „Willkommenskultur" eine völlig unkritische moralische Verpflichtungsnorm zu installieren, die Samariterdienste moralisch einfordert und Bedenkenträger, die auf die importieren Probleme hinweisen, in die rechte Ecke drängt?

Eine Studie der IG Metall nahestehenden Otto-Brenner-Stiftung kommt zu dem Schluss, dass die deutschen Medien über die Flüchtlingskrise eher einseitig berichten und so nicht unwesentlich zur Spaltung der Gesellschaft beitragen. Die Studie befasst sich mit der Berichterstattung zur Flüchtlingskrise im Zeitraum Februar 2015 bis März 2016.

Kommunikationswissenschaftler Michael Haller, wissenschaftlicher Direktor des Europäischen Instituts für Journalismus und Kommunikationsforschung, analysiert mit seinem Team mehr als 30.000 Berichte regionaler und überregionaler

Zeitungen, aber auch Beiträge von News-Websites wie "Spiegel Online" und tagesschau.de. Das erschreckende Ergebnis: Die Medien machen sich zum Sprachrohr der politischen Elite, werden nicht müde, die neue deutsche Willkommenskultur lobzupreisen und, wenn nicht vorhanden, dann einzufordern. Die Sorgen der Bevölkerung jedoch, so hat man den Eindruck, werden weitestgehend ignoriert.

Stattdessen wird die Welt der sogenannten Flüchtlinge, faktisch meist Migranten, in zartrosa Tönen gemalt: Mitunter hat man den Eindruck, nach Deutschland kämen ausnahmslos gut ausgebildete Zahnärzte und Ingenieure, westlich gesonnene Familienväter samt ihren Frauen und Kindern, ein Segen für die deutsche Wirtschaft, eine kulturelle Bereicherung für unseren Alltag und eine überfällige Frischzellenkur für unser marodes Rentensystem.

Gegenstimmen? In den Medien Fehlanzeige. Schon im Dezember 2015 weist eine Studie des Instituts für Demoskopie in Allensbach darauf hin, dass die Mehrheit der Bevölkerung sich über die Flüchtlingskrise sehr einseitig „informiert" fühlt. Der überwiegende Teil der Medienvertreter reagiert verstimmt. Kritik an ihrer Berichterstattung wird als rechtspopulistisch gebrandmarkt. Das Gefühl der einseitigen Berichterstattung – nur Einbildung ressentimentgeladener Kleinbürger, die von „Mainstreammedien" schwadronieren? Eindeutig nein. Die Studie der Otto Brenner Stiftung belegt, wie die führenden überregionalen deutschen Zeitungen, ebenso wie die Lokalpresse „das Narrativ Willkommenskultur" im Sinne der Positionen des Politdiskurses verbreiten und hierbei deren euphemistisch-persuasive Diktion übernehmen. Die Erkenntnis, weniger akademisch ausgedrückt: Auch Regionalzeitungen haben den von den politischen und medialen Meinungsmachern eingeforderten Weltoffenheits- und Bereicherungshype enthusiastisch übernommen. Negative Berichte werden ausgeblendet, kritische Stimmen bleiben ungehört. Die Leitmedien sind „in ihren Meinungsbeiträgen größtenteils auf die politischen Eliten fixiert geblieben".

Erstellt wird die Studie unter der Leitung des Medienwissenschaftlers Michael Haller durch die Hamburg Media School in Zusammenarbeit mit der Universität Leipzig. Ausgewertet werden mehr als 30.000 Medienberichte aus dem

Zeitraum zwischen Februar 2015 und März 2016, veröffentlicht in den großen überregionalen Tageszeitungen (FAZ, Süddeutsche Zeitung, Welt und Bild), auf Online-Portalen (Spiegel Online, Focus Online, Tagesthemen.de) und in 85 Lokalzeitungen. Das höchst unbequeme Ergebnis der Studie lautet zusammengefasst: Die Medien sind in dem besagten Zeitraum auf die Diktion der politischen Elite fixiert. Die Sorgen, Ängste und Widerstände der Menschen werden nicht aufgegriffen. Wenn doch, dann in belehrendem oder verächtlichem Tonfall. Stattdessen wird die „Willkommens-kultur" als moralische Verpflichtungsnorm vermittelt. Die Medien machen sich zum Sprachrohr der politischen Eliten, abweichende Meinungen werden nicht mehr gehört.

Ablehnende Reaktionen in der Bevölkerung werden, insbesondere mit Blick auf die östlichen Bundesländer, als aus „Dunkeldeutschland" ausgegrenzt.
Eindringlich wird für die Willkommenskultur geworben, sie sei wirtschaftlich notwendig und gesellschaftlich wünschens-wert.

Parlamentarische Kritiker der Flüchtlingspolitik, insbesondere Vertreter der AfD, kommen in der Berichterstattung quasi nicht vor.

Die Studie der Otto Brenner Stiftung entlarvt somit die Selbstschutzreflexe der Medien - „wer von Mainstreammedien spricht, ist rechtsradikal"- eindeutig und unzweifelhaft als Betriebsblindheit (34).

Trotzdem hat der von Politikern wie Medien gleichsam befeuerte Willkommensfanatismus offenbar Langzeitwirkung.

Eine Umfrage der Bertelsmann-Stiftung aus dem Jahr 2017, die mit den Worten 'Willkommenskultur besteht Stresstest, aber Skepsis gegenüber Migration wächst' überschrieben ist, fördert zu Tage: Auch im Angesicht der grausamen Anschläge und aller Überfremdungsängste, der Furcht vor eingewanderten Terroristen und sozialer Probleme infolge der verstärkten Einwanderung zum Trotz, gibt es keinen drastischen Einbruch, was die freundliche Gesinnung in der deutschen Bevölkerung betrifft (35).

Ein 180-Grad-Schwenk in der Willkommenskultur findet in Deutschland bislang nicht statt. Soll er ja auch nicht.

Aber ein wenig Abkehr von der gelebten Willkommens-hysterie zugunsten einer kritischen Auseinandersetzung damit, was innerhalb der deutschen Staatsgrenzen angesichts der anhaltenden Masseneinwanderung vor sich geht, wäre sicherlich wünschenswert und stünde unserem Lande durchaus gut zu Gesicht.

09

Handelt die Bundesregierung nach dem Motto

„Flüchtlinge first"?

Ende 2014 schließt im Kölner Nobelstadtteil Marienburg das Hotel „Bonotel". Ein Vier-Sterne-Haus, 93 Zimmer, Restaurant und Wellness-Bereich. Ein gut laufender Traditionsbetrieb im Kölner Süden, 30 Jahre zuvor eröffnet. Nach dem Tod der Grundstücks-Gesellschafter steht das Hotel unter Zwangsverwaltung, bei einer Versteigerung vor dem Amtsgericht greift die Stadt Köln für 5,8 Millionen Euro zu. Und plant nicht etwa, den Hotelbetrieb weiterzuführen, wie es Mitbewerber bei der Versteigerung vorhatten, die aber überboten wurden, sondern will das 4000qm-Gelände in ein Flüchtlingsheim umwandeln. Es wirke wie eine „feindliche Übernahme", sagt Hotelier Degen der Kölner Zeitung EXPRESS.

Die damalige Sozialdezernentin und heutige Kölner Oberbürgermeisterin Henriette Reker erklärt, die Stadt könne ein solches Immobilienangebot nicht ablehnen. Köln sei verpflichtet, weitere Flüchtlinge aufzunehmen. In das umge-baute Hotel sollen bis zu 200 Bewohner passen.

Schön für die Flüchtlinge, weniger amüsant für die Hotelmitarbeiter. Ende des Jahres stehen 32 von Ihnen auf der Straße. Degen will seinen Mitarbeitern nicht kündigen, hat aber keine andere Wahl. Er ist selbst bald arbeitslos.

Frühstücksdame Heidi Labrenz (damals 52) fürchtet, in ihrem Alter keinen neuen Job mehr zu finden. „Gerade im Service ist das doch fast unmöglich", seufzt sie. Der Kölner Hotel- und Gaststättenbetrieb kritisiert scharf, dass die Stadt Köln in einen gut laufenden Betrieb eingreift.

Die Stadtoberen machen ein profitables Hotel einfach platt – um anstatt seiner ein Flüchtlingsheim zu errichten (36).

Das schürt nicht nur zusätzlich Ressentiments gegenüber Flüchtlingen, die selbstredend nicht dazu können, dass die Kölner Entscheidungsträger so und nicht anders handeln. Nein, es wirft zudem die Frage der Verhältnismäßigkeit auf.

Als allgemeines Abwägungsprinzip besagt der Grundsatz der Verhältnismäßigkeit, das „kollidierende Interessen nur dann in ein angemessenes Verhältnis zueinander gesetzt werden, wenn das zu wahrende Interesse schwerer wiegt als das ihm aufgeopferte" (37).

Deutsche Staatsbürger in die Arbeitslosigkeit zu schicken, um zusätzliche Flüchtlinge aufzunehmen, kann aus Sicht der ersten kaum als verhältnismäßig erachtet werden. Werden hier nicht die Interessen der Zuwanderer priorisiert behandelt?

Im November 2014 werden 200 Flüchtlinge in der Dreifach-Turnhalle des Schulzentrums Köln-Weiden einquartiert. Für das Georg-Büchner-Gymnasium, mehrere Sportvereine und die Karnevalsgesellschaft Lövenicher Neustädter heißt das, dass sie kurzfristig Ersatz suchen müssen. Das hat für die betroffenen Vereine sowohl auf den Trainings- als auch den Ligaspielbetrieb Auswirkungen. So sagt der Leiter der DJK-Basketballabteilung, Matthias Caspari: „Die Nachricht in der Zeitung hat für viel Aufruhr gesorgt. Die Trainer, die Eltern – alle wollten wissen, wie es jetzt weitergeht." Auch aus Schulkreisen ist zu erfahren, dass, „Eltern, Lehrer und Schüler" schon „sehr überrascht" sind, „als sie in der Zeitung lesen, dass 200 Flüchtlinge auf das Schulgelände kommen". Man sei erstaunt, dass die Verwaltung mitten im laufenden Schuljahr so massiv in den Schulalltag eingreife. „Die scheinen wirklich nicht mehr weiter zu wissen", ist zu hören.
Natürlich will man den Flüchtlingen helfen. „Aber wir müssen

akribisch darauf achten, dass wir nicht von vornherein Verlierer produzieren, damit die positive Stimmung in der Bevölkerung nicht irgendwann kippt (38)."

Es soll eine kurzfristige Unterbringung sein, es werden mit kurzen Unterbrechungen zwei Jahre.

Im Kölner Westen zeigt man große Solidarität mit den Flüchtlingen. Trotzdem kritisieren einige Eltern, der ein' oder andere Protagonist des Lövenicher Karnevalsvereins und der Sportvereine das Vorgehen der Stadt Köln. Die Ansicht, dass hier die Interessen der Flüchtlinge über die der Kölner Bürger gestellt werden, wird unter vorgehaltener Hand geäußert. Gibt es wirklich keine andere Möglichkeit der Unterbringung? Maßnahmen wie diese polarisieren. Und werfen die Frage auf, ob nicht bisweilen die Interessen der einheimischen Bevölkerung ein wenig hintangestellt werden, wenn es um die Aufnahme von Flüchtlingen geht.

Bereits in den 90ern Jahren, kommt mir der leise Verdacht, dass es in unserem Lande Menschen gibt, die in ihrer grenzenlosen Nächstenliebe dazu neigen, die Belange von Ausländern bisweilen über die deutscher Mitbürger zu stellen. Ich arbeite während der Studienzeit in einem Verein, der sich für die Interessen ausländischer Mitbürger einsetzt. Dort fällt mir auf, dass man sich nicht nur für berechtige Anliegen von Migranten und Flüchtlingen engagiert, sondern darüber hinaus auch Forderungen derselben durchzusetzen versucht, die weit über deren berechtigte Ansprüche hinaus gehen, die deutschen Hilfsbedürftigen in dieser Form kaum zugestanden werden.

Sei es zusätzliches Kindergeld, Einmalzahlungen für Anschaffungen, den Haushalt betreffend, oder die freie Wahl eines durch Staatskosten finanzierten Rechtsanwaltes.

Des Öfteren habe ich in besagtem Verein mit Wohnungsangelegenheiten zu tun. Und muss mehrmals feststellen, dass ausländische Mitbürger durchaus komfortable Wohnungen aus den verschiedensten Gründen ablehnen.

Zu weit bis zum nächsten Supermarkt, kein Spielplatz in unmittelbarer Nähe, kein Aufzug im Treppenhaus. Die Mitarbeiter des Vereins bemühen sich redlich, auch solche - oftmals völlig unangebrachte- Forderungen ihrer Klienten durchzusetzen. Sie versuchen bisweilen, den Zugereisten

Wohnraum zu verschaffen, in dessen Genuss deutsche Hilfsbedürftige in dieser Form niemals kommen würden.

In dieser Hilfsorganisation herrscht eine regelrechte Manie, alles und jedes für ausländische Mitbürger durchzusetzen. Man steht auch in Rechtsstreitigkeiten immer aufseiten der Ausländer und hat einen eigenen Rechtsanwalt im Vereinsvorstand, der viele der Hilfesuchenden vertritt. Dabei ist man bisweilen völlig unkritisch, was die Berechtigung der Anliegen betrifft.

Teilweise ist man so verklärt dort, so vom Hilfsgedanken besessen, dass man die Balance zwischen Ausländer-freundlichkeit hier und maximaler Gleichbehandlung mit deutschen Staatsbürgern dort zu verlieren droht.

Man steigert sich dermaßen in das Bild der armen Ausländer, denen alle nur böses wollen, hinein, dass man kaum mehr in der Lage ist, die Anliegen der ausländischen Kundschaft objektiv zu betrachten. Man ist pro – immer!

Eine ausgesprochene Ausländeraffinität scheint in dieser Zeit auch bei den Verantwortlichen der Arbeits-Agentur an der Tagesordnung zu sein. Schreitet man in meiner Heimatstadt den Flur für SGB-II-Angelegenheiten entlang und schaut auf die Namensschilder der sogenannten 'Fallmanager', wird man kaum einen deutschen Namen finden. Zufall? Eher nicht. Denn eine gute Bekannte erzählt mir, dass sie sich just als Fallmanagerin bei besagtem Amt beworben hat. Sie hat beste Kontakte, kennt Ihr Vater den Chef des Arbeitsamtes doch gut, sodass sie diesen persönlich anschreibt. Erstklassige Zeugnisse fügt sie bei, zudem hat sie bereits in ähnlicher Position in einer anderen Stadt gearbeitet. Sie hat niemals von der Arbeits-Agentur gehört. Und trotz mehrmaligen Nachhakens nie eine Antwort erhalten, warum sie denn nicht einmal für ein Vorstellungsgespräch infrage kommt.

Was könnte der Hintergrund für eine Bevorzugung ausländischer Arbeitskräfte vor mindestens ebenso hoch qualifizierten deutschen Bewerbern sein? Möglicherweise ist die Außenwirkung ein entscheidender Punkt. Vielleicht will eine Behörde wie die Arbeits-Agentur in besonderem Maße integrativ wirken – wie könnte man das besser demonstrieren, als mit einer Großzahl ausländischer Mitarbeiter?

Das Gefühl, dass in gewissen Situationen zu sehr auf die Flüchtlinge eingegangen wird, beschleicht bisweilen sogar die Flüchtlinge selbst. Cicero-Autor Majd Abboud, der 2015 als

Flüchtling von Syrien nach Saarbrücken kam, kritisiert, dass die Deutschen den Flüchtlingen mehr entgegenkommen als umgekehrt. Als Beispiel nennt er neue, auf unterschiedliche Nationen und Sprachen ausgerichtete Moscheen, die gebaut wurden, um sich der Lebensweise der Einwanderer anzupassen und sie zufriedenzustellen. Und weil die verschiedenen Gruppierungen und Nationalitäten einander nicht tolerieren. Abboud zeigt durchaus Verständnis dafür, dass solche Maßnahmen auf viele Deutsche unverständlich wirken (39).

Man wird einfach das Gefühl nicht los, dass es in Deutschland eine Regierung gibt, die sich unter dem Deckmantel der Toleranz für Zuwanderer mehr einsetzt als für die eigenen Leute. „Flüchtlinge first", in Anlehnung an den legendären Wahlslogan „America first", der den amtierenden amerikanischen Präsidenten dereinst ins Amt hievte und überraschenderweise bis heute noch in eben diesem hält.

Dies hat zur Folge, dass die Ansprüche und damit auch die Undankbarkeit der Zuwanderer immer weiterwachsen. Ansprüche verursachen halt eine Missstimmung, so sie denn nicht erfüllt werden. Und in gleichem Maße kippt verständlicherweise die Stimmung in der Bevölkerung, die auch Ansprüche hat.

In Zeiten, in denen die „Willkommenskultur" allgegenwärtig ist, ist es unabdingbar für eine breite Akzeptanz der Flüchtlings- und Asylpolitik in der Bevölkerung zu sorgen. Allein, um Ressentiments gegen Zuwanderer vorzubeugen. Hierzu gilt es, den Grundsatz der Verhältnismäßigkeit, der im deutschen Rechtsverständnis große Wertschätzung genießt, walten zu lassen, und obendrein eine Sensibilität dafür zu entwickeln, rechtzeitig Tendenzen auszumachen, die einheimischen Bürgern das Gefühl vermitteln können, übervorteilt zu werden.

Fälle wie der des Kölner Hotels wirken in dieser Hinsicht sicherlich kontraproduktiv und sollten kritisch hinterfragt werden. Wenn Mitarbeiter eines Hotels wegen einer Flüchtlingsunterkunft ihren Job verlieren, kann man sicherlich daran zweifeln, ob dies noch verhältnismäßig ist.

Vielleicht sollte auch mal ein Ausrufezeichen in die andere Richtung gesetzt werden. Wir schränken unsere Bürger NICHT wegen einer Flüchtlingsangelegenheit ein, wir entscheiden auch einmal GEGEN eine Unterkunft und FÜR die Belange der einheimischen Bürger. So wäre wahrscheinlich ein deutlich größerer politischer Mittelinksruck erreichbar als durch das ständige Willkommensgefasele.

Entscheiden die Oberen mit Regelmäßigkeit pro Zuwanderer, kann dies mitunter auch bisher Flüchtlingen gegenüber positiv eingestellte Bürger unseres Landes verstimmen und dadurch die Kluft zwischen den „Willkommenskulturlern" und deren Kritikern weiter vertiefen.

10
Muss man nicht konsequent zwischen Kriegs- und Wirtschaftsflüchtlingen unterscheiden?

Im ersten Jahrzehnt nach dem letzten Weltkrieg überwindet die Bundesrepublik rasch die anfänglich hohe Arbeitslosigkeit und erreicht Ende der 1950er Jahre bereits Vollbeschäftigung. Neben der rasant wachsenden Wirtschaft tragen der Eintritt geburtenschwacher Jahrgänge in den Arbeitsmarkt, die Verlängerung der Ausbildungszeiten, die Verkürzung der Wochenarbeitszeiten, der Anstieg des durchschnittlichen Renteneintrittsalters und der Aufbau der Bundeswehr zu den Engpässen am Arbeitsmarkt bei. Schließlich stoppt der Bau der Berliner Mauer im Jahre 1961 den Zustrom von Arbeitskräften. Die Arbeitskräfteknappheit stellt angesichts weiter steigender Nachfrage das größte Hemmnis für eine Ausweitung der Produktion bei stabilen Preisen dar. Aus der Sicht der Arbeitgeber und der Bundesregierung liegt es daher nahe, diesen Bedarf durch ausländische Arbeitnehmer zu füllen, um die Unternehmensgewinne zu erhalten.

Ergo verfolgt die deutsche Bundesregierung Anfang der 60er Jahre die Politik, südeuropäische Arbeiter temporär in die

Bundesrepublik zu holen, um die heiß laufende Arbeitsnachfrage in der Bundesrepublik zu kühlen.

Der Nachfrage aus der Bundesrepublik steht ein entsprechendes Angebot südeuropäischer Staaten gegenüber. So geht die Initiative für die Anwerbeabkommen stets von den Anwerbestaaten selbst aus, welche sich dadurch Vorteile versprechen. Von der Arbeitnehmerentsendung erhofft man sich vielerorts eine Entlastung des eigenen Arbeitsmarktes, eine Kanalisation ohnehin vorhandener Arbeitsmigration, einen Import von Know-how und dringend benötigter Devisen. Auf deutscher Seite wird die Gastarbeiterpolitik als eine Art Entwicklungshilfe und als Beitrag zur europäischen Integration begriffen.

Ein erstes Anwerbeabkommen, welches den Arbeitskräftemangel in der Landwirtschaft lindern soll, wird am 22. Dezember 1955 mit Italien geschlossen. Anfang der 60er Jahre folgen schnell weitere Anwerbeabkommen mit Spanien und Griechenland (1960), der Türkei (1961), Marokko (1963), Portugal (1964), Tunesien (1965) und Jugoslawien (1968). Als Konsequenz dieser Abkommen kommt es zur ersten großen Einwanderungswelle in die noch junge Bundesrepublik.

Die Zuwanderung südeuropäischer Gastarbeiter kommt Anfang der 60er Jahre zunehmend ins Rollen.

Die Zahl der Ausländer in der Bundesrepublik erhöht sich zwischen 1961 und 1967 von 686.000 auf 1,8 Millionen.

Letztendlich stellen die Jugoslawen und schließlich die Türken die größten Kontingente.

Bis Anfang der 1970er Jahre wächst die Zahl der Gastarbeiter weiter an.

Das Konzept besteht ursprünglich darin, überwiegend junge Männer aus rückständigen Regionen zu rekrutieren und sie befristet zu den vergleichsweise hohen deutschen Löhnen arbeiten zu lassen. Anschließend sollen sie als die sprichwörtlichen gemachten Männer in ihre Heimat zurückkehren.

Wenngleich viele nach Ablauf ihres Vertrages heimkehrten, nimmt die Zahl derjenigen zu, die bleiben. Sie holen ihre Familien nach Deutschland.

Für einen wachsenden Anteil der Arbeitseinwanderer steht eine kurzfristige Rückkehr in die Heimat nicht mehr auf der Tagesordnung.

Auch und nicht zuletzt, weil die Gastarbeiter in Deutschland überproportional gut verdienen.

Ihre Erwerbsquote liegt daher deutlich über und ihre Arbeitslosenquote unter dem deutschen Durchschnitt.

Mit Bezug auf die Entlohnung ist es für die Gastarbeiter in den 1960ern von Vorteil, dass sie überproportional häufig in Großbetrieben beschäftigt sind, welche üblicherweise höhere Stundenlöhne zahlen als Kleinbetriebe. Das liegt daran, dass die Gastarbeiter vor allem in Branchen wie zum Beispiel der Eisen- und Metallerzeugung, dem Bergbau und der chemischen Industrie beschäftigt sind, welche von Großbetrieben dominiert sind (40).

Noch bis in die 1980er Jahre werden Gastarbeiter aus dem Osten als Gewinn für den Westen angesehen, sind sie doch ein Beweis für die zivilisatorische Unterlegenheit der sowjetisch gestützten Regime.

Ein Flüchtling aus dem Osten mag seine ökonomischen Bedingungen mit der Flucht nach Westen zumeist verbessert haben, aber seine Herkunft macht ihn zu einem politischen Flüchtling.

Die zugereisten Gastarbeiter als „Wirtschaftsflüchtlinge" zu bezeichnen, wäre von der Nachkriegszeit bis in die 80er Jahre niemandem in den Sinn gekommen.

Das Asylrecht der Bundesrepublik Deutschland kann nur historisch verstanden werden. Was politische Verfolgung ist, das wussten die Väter und Mütter des Grundgesetzes ziemlich genau, allein schon, weil viele Deutsche während der NS-Zeit Schutz in anderen Ländern Europas oder in Übersee gesucht haben. Das Asylrecht hat viel mit der Entwicklung freiheitlicher Demokratien zu tun, aber auch viel mit der Differenz von Bürger- und Menschenrechten. Es ist für diejenigen gedacht, denen Bürgerrechte verwehrt werden und die aus diesem Grunde menschenrechtlichen Schutz außerhalb ihrer Heimat suchen. Asylgründe sind politische Gründe.

Der Begriff des „Wirtschaftsflüchtlings" hingegen bezeichnet all jene Fälle, in denen jemand aus wirtschaftlichen und damit subjektiven wie egoistischen Gründen sein Heimatland verlässt.

Weltweit betrachtet nimmt die Türkei die meisten Flüchtlinge auf, gefolgt von Pakistan und Uganda.

Deutschland ist mit 1.063.837 im Jahr 2018 das einzige westliche Industrieland unter den ersten zehn Listenplätzen.

Die meisten Flüchtlinge kommen aus Syrien, dem Irak, Afghanistan, Eritrea und dem Iran (41).

Gemäß der Genfer Flüchtlingskonvention gilt jeder Flüchtling, der aus ökonomischen Gründen kommt oder um dem Elend im Heimatland zu entgehen, als illegaler Einwanderer. Problematisch bei der Bewertung des Flüchtlingsstatus ist dabei die Tatsache, dass zerfallene oder autoritäre Staaten oft mit einem maroden Rechtssystem und gravierenden ökonomischen Problemen korrelieren, und unfähig sind, die eigene Bevölkerung zu versorgen. So ist die Flucht aus vielen Ländern, beispielsweise aus dem Nahen Osten, aus Afrika, Afghanistan und dem Irak, nicht nur politisch oder religiös, sondern eben auch ökonomisch motiviert, was zur Folge hat, dass zwischen Flucht und Migration oftmals nur schwer zu unterscheiden ist (42).

Gerade weil Deutschland in der EU mit Abstand die meisten Flüchtlinge aufnimmt, stellt sich in unserem Land umso mehr die Herausforderung, differenziert zwischen und Asylberechtigten und Wirtschaftsflüchtlingen zu unterscheiden.

Wer wegen seines Glaubens, seiner Religion verfolgt wird, oder wegen seiner politischen Gesinnung, wer vor Bürgerkrieg oder Krieg mit einem anderen Land flieht, wer ethnisch verfolgt wird, dem muss allein aus humanitären Gründen Schutz gewährt werden.

Deshalb gibt es ein Recht auf politisches Asyl, vielleicht noch auf ein religiöses, wenn es dem Herkunftsstaat nicht gelingt, Religionsfreiheit zu garantieren. Es gibt aber kein Bildungs- und Wissensasyl, auch kein Familienasyl. Und schon gar kein Recht auf ökonomisches Asyl. Hier muss sorgfältig zwischen Flüchtlingen, also Menschen, die sich aufgrund widriger äußerer Umstände wie Krieg und Verfolgung zur Flucht gezwungen sehen, und Migranten, welche ihre Heimat auf eigenen Wunsch verlassen und auf der Suche nach besseren Lebensperspektiven sind, unterschieden werden.

Denn genau hier liegt der eigentliche Grund für das bedrohte "Wir"-Gefühl in der Bevölkerung: Asyl und Einwanderung, Flucht und Migration, sind faktisch kaum noch zu unterscheiden. Derselbe Nordafrikaner, der im Sommer als Erntehelfer nach Italien geht, kann sich im Winter in Deutschland als Asylsuchender melden. Die Folge sind

Menschenschmuggel, organisierte Kriminalität und eine Überlastung der Asylbehörden. Und die Reaktion darauf ist eine zunehmende Wut in der Bevölkerung über einen empfundenen Kontrollverlust" des Staates.

Die entsprechenden Stellen sind gefordert, hart und genau zu differenzieren. Personen, die ihre Heimat verlassen, um ihre wirtschaftliche Lage in einem anderen Land zu verbessern, können auch von Deutschland nicht unbegrenzt aufgenommen werden. Deutsche Steuerzahler sind nicht dafür verantwortlich, dass sich jeder Flüchtling ein Auto oder auch ein Smartphone leisten kann. Wer aus wirtschaftlichen Erwägungen kommt, wird, gerade für Geringverdiener und Hilfsbedürftige in der deutschen Bevölkerung, zum Konkurrenten. Unter Umständen auch noch zu einem, der staatliche Zuwendungen für Wohnung, Nahrungsmittel und Telekommunikation erhält, während die meisten von uns sich dies selbst erarbeiten müssen.

Entschließt sich unsere Regierung, auch Wirtschafts-flüchtlingen Asyl zu gewähren, dann müssten wir beinahe ganz Afrika, einen großen Teil von Asien und Südamerika bei uns aufnehmen.

Leider verhält es sich in unserem Lande aktuell so, dass man als politisch mündiger Bürger selbst solche Gedanken kaum noch äußern darf. Wer sich der kollektiven Flüchtlingssolidarität widersetzt, wer darauf verweist, dass sich in der Mehrzahl sehr schlecht ausgebildete junge Männer auf den Weg gen Deutschland machen, die ganz überwiegend keine Flüchtlinge im Sinne der Genfer Flüchtlingskonvention, sondern Wirtschaftsmigranten sind, deren Weltbild die Integration in westliche, liberale Gesellschaften zumindest beschwerlich macht, wird als Populist, Rassist oder rechtsorientiert attackiert (43). Darf man nicht auch in Zeiten wie diesen an geltendes Recht erinnern? Gleich im ersten Satz wird in §18, Abs. 2, Nr. 1 des geltenden Asylverfahrensgesetzes auf folgendes hingewiesen: Einem Asylsuchenden, der aus einem sicheren Drittstaat einreist, ist die Einreise zu verweigern. Und weiter: Die deutschen Grenzbehörden sind verpflichtet, unberechtigte Personen zurückzuweisen. Entgegenstehende Weisungen sind rechtswidrig und strafbar. Das Asylrecht sagt eindeutig: Wer als Flüchtling aus einem sicheren Land kommt, hat kein Recht auf Einlass. Dieser

Passus ist schon längst außer Kraft gesetzt, auch von der Kanzlerin.

Angela Merkel beruft sich auf das grenzenlose Schengen-Europa. Flüchtlingsnot kennt kein Gebot: „Wir können die Grenzen nicht schließen. Wenn man einen Zaun baut, werden sich die Menschen andere Wege suchen", erklärt sie. Das klingt beinahe nach Kapitulation.

Der Flüchtlingsstrom und kein Ende in Sicht. Zu etlichen tausenden kommen die Menschen auch über die Ozeane nach Europa. Viele Organisationen sind unermüdlich im Einsatz, um Schiffbrüchige aufzulesen und sicher an Land zu bringen. Gemäß dem internationalen Seerecht ist Seenotrettung sowohl moralische als auch rechtliche Pflicht. Was die Rettungs-aktionen im Mittelmeer angeht, so sprechen wir allerdings nicht immer von spontaner Rettung, sondern bisweilen auch von langfristig geplanten Strategien, die mit bestimmten migrationspolitischen Motiven verknüpft ist. Zivile Seenotretter und ihre Unterstützer rechtfertigen ihr Handeln keineswegs nur mit dem Willen, Menschen aus unmittelbarer Lebensgefahr zu retten, sondern auch damit, dass jeder Mensch das Recht habe, in ein Land seiner Wahl zu flüchten oder zu migrieren. Da es ein solches Recht juristisch nicht gibt, begründen sie es moralisch. De facto wird Rettung aus Seenot so zum Eintrittsticket nach Europa, und zwar nicht primär für die Ärmsten der Armen, sondern leider zunächst einmal für die, die sich die nicht unerheblichen Zahlungen an Schleuser und Schlepper finanziell leisten können (44).

Und für jene, die rein aus wirtschaftlichen Erwägungen ihre Heimat verlassen, um in „Schlaraffen-Deutschland" ein besseres Leben zu führen.

Seit Ende 2018 gibt es erstmals eine umfassende internationale Vereinbarung zur Migration: Den Globalen Pakt für sichere, geordnete und reguläre Migration ("Global Compact for Safe, Orderly and Regular Migration", GCM). Der Pakt ist kein völkerrechtlicher Vertrag, sondern eine politische Willenserklärung. Das Ziel: irreguläre Migration zu reduzieren beziehungsweise zu verhindern und stattdessen sichere, geordnete und legale Migration zu fördern (45).

Das Grundrecht auf Asyl für politisch Verfolgte kennt keine Obergrenze; gerade nicht für die Flüchtlinge, die aus der Hölle eines Krieges zu uns kommen. Aber Deutschland grenzt nicht an die Hölle, und nicht alle kommen aus ihr.

11

Sollten Flüchtlinge zu gemeinnütziger Arbeit verpflichtet werden?

Es geschieht in der Heiligen Nacht 2016: In einem Neuköllner U-Bahnhof versuchen sechs Flüchtlinge aus Syrien und Libyen, einen schlafenden Obdachlosen anzuzünden. Ein siebter steht dabei und unternimmt nichts. Erst zündet der Hauptverdächtige ein Papier an und legt es auf die Tüte, auf die der wehrlose Mann seinen Kopf gebettet hat. Über dem Kopf liegt noch eine Decke. Als das Papier nicht brennt, wird ein Taschentuch angezündet, um das Feuer zu entfachen. Die Tüte und der Rucksack darunter fangen schnell Feuer und die jungen Männer rennen weg. Nur weil Fahrgäste aus einer ankommenden U-Bahn die Flammen geistesgegenwärtig löschen, wird der Mann nicht Opfer des Brandes. Die Anklage für das, was sich in der Heiligen Nacht 2016 in einem Neuköllner U-Bahnhof ereignet hat, lautet auf versuchten Mord. Die Tat löst bundesweites Entsetzen aus. Die Öffentlichkeit ist fassungslos über junge Männer, die aus einem Kriegsgebiet in Sicherheit kommen und die dann einen

Menschen angreifen.

Auf die Frage nach dem möglichen Motiv der Männer antwortet der Staatsanwalt, dass in der Weihnachtsnacht Lokale und Läden in der Stadt geschlossen gehabt hatten. Die Angeklagten hätten sich mutmaßlich gelangweilt und seien dann auf dumme Gedanken gekommen (46).

Zeit, die sich wie Kaugummi dehnt und zieht: Jeder kennt dieses Gefühl. Langeweile ist das unwohle, unangenehme Gefühl, das durch erzwungenes Nichtstun hervorgerufen wird oder bei einer als monoton oder unterfordernd empfundenen Tätigkeit aufkommen kann.

Im Gegensatz zur Muße, die dem Menschen willkommen ist, wird Langeweile als unangenehm und unlustvoll empfunden (47).

Langeweile ist eine Emotion, die wesentlich mit dem Verlust von Selbstkontrolle zu tun hat. Gelangweilte Menschen können sich selbst nicht mehr gut steuern und wissen mit ihrer Umgebung nichts Richtiges anzufangen. Depressive erleben Ähnliches.

Langeweile äußert sich auch in Antriebslosigkeit und innerer Leere (48).

Langeweile ist eine sehr unangenehme Selbstwahrnehmung. Wenn es uns langweilig ist, fühlen wir uns irgendwie gelähmt. Wir sind lustlos und ohne jedes Interesse, erleben uns nur passiv, oft auch desorientiert und verloren.

Der deutsch-amerikanische Psychoanalytiker, Philosoph und Sozialpsychologe Erich Fromm (1900-1980) bezeichnet die Langeweile als „eine der schlimmsten Foltern" für den Menschen. Denn der Mensch, der ihr tatsächlich ausgeliefert sei, „ohne sich gegen sie wehren zu können, fühlt sich wie ein schwer deprimierter Mensch". Laut Fromm ist der Unterschied zwischen einem gelangweilten und einem deprimierten Menschen höchstens ein gradueller, „denn Langeweile ist nichts anderes als die Erfahrung einer Lähmung unserer produktiven Kräfte und das Gefühl der Unlebendigkeit".

Ein deprimierter Mensch fühlt sich antriebslos und unbezogen; er spürt keine innere Aktivität und hat zu nichts Lust. Genau diese Beschreibung trifft auch auf einen Menschen zu, der an seiner Langeweile leidet. Von dorther liegt der Schluss nahe, das Leiden an der Langeweile als eine chronische Depression zu begreifen (49).

Ist Langeweile also ein Gesundheitsrisiko? Studien belegen, dass Langeweile Stress verursacht. Wer sich langweilt, hat einen höheren Puls und Blutdruck als andere, und in seinem Blut findet sich vermehrt das Stresshormon Cortisol. Damit sei Langeweile sogar stressiger als Traurigkeit, haben Neurowissenschaftler in Kanada herausgefunden.

Einig sind sich die Forscher demnach darüber, dass sich Langeweile als biochemischer Prozess im Kopf erklären lässt. Wer monotone Tätigkeiten verrichtet, aktiviert sein Belohnungszentrum im Gehirn wenig. Ist dies über einen längeren Zeitraum der Fall, kann ein Dopaminmangel entstehen. Dann ist die Anfälligkeit für psychische Erkrankungen wie Depressionen, Angstzustände, Aggressionen oder Suchterkrankungen größer. Zugleich lässt ständige Langeweile die Widerstandskraft gegen widrige Umstände, die Resilienz, sinken (50).

Langeweile wird mittlerweile auch mit Drogenkonsum, Esssucht und Alkoholismus in Zusammenhang gebracht. Doch wie genau verläuft die Verbindung? Erzeugt Langeweile die Verhaltensweisen? Oder ist sie eine Begleiterscheinung?

Wer diese Fragen beantworten will, muss, was wir im Alltag als Langeweile erleben, mit Methode sezieren.

Der Hunger nach Sinn und Bedeutung, der in der Langweile rumort, kann sich auch körperlich zeigen. Man kann in der Langeweile versinken und sie als sinnlos empfinden. Das erklärt, warum Menschen, die zur Langeweile neigen, häufiger depressiv sind. Man kann aber auch nach etwas suchen, das Bedeutung verspricht oder ablenkt. Das erklärt, warum Gelangweilte mehr essen, trinken, oder sich radikalen Gedanken zuwenden (51).

...oder Blödsinn machen. Die fatalen Auswirkungen anhaltender Langeweile kenne ich zur Genüge aus meiner Schulzeit. Die Schule fiel mir einerseits ziemlich leicht und hat mich andererseits nie wirklich interessiert. So kam ich auf allerlei dumme Gedanken, glänzte mit albernen Zwischenrufen während des Unterrichts, kam auf die Idee, eine Tischtennisplatte unter die Türklinke des Kunstraums zu stemmen und somit die Klasse einzusperren und fälschte Arztatteste, um der Schule fernbleiben zu können.

Könnte Langeweile nicht auch ein Grund für von Flüchtlingen begangenen „Blödsinn" sein?

Bei vielen Flüchtlingen ist nach einer gewissen Zeit des Aufenthaltes in Deutschland von der Anfangseuphorie nichts mehr zu spüren. Denn der Alltag sieht oft recht trist aus. Die wenigsten erhalten eine Arbeitserlaubnis. Die jungen Männer besuchen zwar Sprachkurse und Berufsschulen, aber an den Nachmittagen und Wochenenden gibt es nichts für sie zu tun. Dann braucht es den besonderen Kick. Und den holt man sich oft durch den Konsum von Alkohol oder durch Straftaten.

Flüchtlinge sind aus vielen Gründen besonders suchtgefährdet. Viele haben in ihrer Heimat, im Krieg oder auf der Flucht schreckliche Dinge erlebt, die sie verarbeiten müssen. Hinzu kommt die Ungewissheit, wie es mit ihrem Leben in Deutschland weitergeht, oft auch Perspektivlosigkeit und – eben Langeweile. Da kommen ganz unterschiedliche Faktoren zusammen.

Dazu kommt: In Deutschland lernen Jugendliche sehr früh, welche Gefahren mit einem übermäßigen Konsum alkoholischer Getränke verbunden sind. Bei Flüchtlingen, die aus Abstinenzländern kommen, ist das anders. Manche schützt ihre Religion, natürlich. Aber die Versuchung ist groß, wenn Migranten auf eine Kultur treffen, in der Alkohol ständig in Griffnähe verfügbar ist. Das bleibt nicht ohne Folgen.

Zum einen versuchen Flüchtlinge, mit Rauschmitteln traumatische Erinnerungen wie Vergewaltigungen und Gewalt auf ihrer Flucht zu verdrängen. Zum anderen ist die Situation für die Geflüchteten aber sehr unbefriedigend. Sie können nicht arbeiten und noch sich sicher sein, dass sie in Deutschland bleiben dürfen. Um das zu kompensieren, greifen einige zu Suchtmitteln. Thomas Pölsterl, Leiter der psychosozialen Beratungs- und Behandlungsstelle Prop in Erding, dazu. "Die Flüchtlinge sind enttäuscht und haben oft keine Perspektive. Da ist der Griff zu Suchtmitteln nicht weit" (52).

Je nach kulturellem Hintergrund haben die Menschen zudem eine ganz andere Einstellung zu Hilfsangeboten. Die Hemmschwelle, einen Arzt aufzusuchen, ist viel größer, oft auch die Skepsis. Weil Alkohol in vielen muslimischen Ländern tabuisiert ist, wird eine Sucht eher als Charakterschwäche ausgelegt – und nicht als Krankheit. Da gibt es eine viel größere Scham, Hilfe anzunehmen. Auch die Sprachbarriere stellt eine große Herausforderung dar (53).

„Die meisten Straftaten entstehen aus Langeweile", so der Remscheider Jugendrichter Dr. Peter Lässig.

Es scheint unstrittig, dass die Lebensbedingungen vieler Flüchtlinge, wie etwa das Arbeitsverbot und die damit einhergehende Langeweile, kriminelle Handlungen begünstigen können.

Offizielle Zahlen vom BAMF sagen, dass Asylsuchende im Durchschnitt "nur" 5,3 Monate warten müssen, bis sie Asyl bekommen. In der Realität sieht das aber meist anders aus: Wer aus Afghanistan kommt, wartet im Durchschnitt rund 13 Monate, Senegalesen sechs Monate und Nigerianer rund 10 Monate. Syrer warten dank verkürzter Verfahren nur rund vier Monate. Die Durchschnittszahlen lassen es nicht unbedingt vermuten, abertausende Asylsuchende warten schon mehrere Jahre auf eine Entscheidung (54).

Warum versucht man hierzulande nicht, die Wartenden in der Zwischenzeit zu beschäftigen?

Egal, ob 450-Euro-Jobber, Azubi, Ehrenamtlicher oder Praktikant - vielen Asylbewerbern kann Arbeit dabei helfen, wieder in die Normalität zurückzufinden und neue Perspektiven zu bekommen.

In einem völlig neuen Umfeld kann Arbeit für sie eine wichtige Hilfe zur Integration sein, auch wenn ihnen manchmal Steine in den Weg gelegt werden.

Warum sollte man Asylsuchende nicht während der Wartezeiten verpflichten, gemeinnützige Aufgaben zu übernehmen? Flüchtlinge erhalten Leistungen vom Staat, erfreuen sich neben dem Schutz noch medizinischer Versorgung, sowie an Wohnraum und Geld. Ist es nicht sittsam, von denen, die dazu in der Lage sind, eine Gegenleistung zu verlangen?

Laubfegen in öffentlichen Anlagen, Hunde in städtischen Tierheimen ausführen, das Rheinufer vom Abfall des Grillgelages vom Vorabend säubern. Es gibt viel zu tun... Auch deutsche SGBII-Empfänger werden zu solchen und ähnlichen Leistungen verpflichtet. Warum sollte das bei Zugereisten nicht der Fall sein?

Gleiches gilt für Sanktionen, gilt für Kürzungen des Regelsatzes, wenn man eine zumutbare Arbeit ablehnt oder aber sie annimmt und ihr fernbleibt. Diese sollten auch für die gemeinnützige Flüchtlingsarbeit gelten – wie für die deutscher SGBII-Empfänger.

Werden Hilfen, die ansonsten nur an Arbeit orientiert sind, jedoch entkoppelt von jeglicher Leistung gewährt, erscheint dies wie eine Privilegierung von Unterprivilegierten, die Ansprüche haben und nicht erworben haben müssen.

Ein weiterer Aspekt gemeinnütziger Flüchtlingsarbeit: Wäre eine solche erst einmal eingeführt, würden auch die „Flüchtlingsnörgler", die händeringend nach Argumenten suchen, die sie gegen Asylsuchende ins Feld führen können, in einem wichtigen Punkt ruhiggestellt.

Typischen Sätzen wie „Die bekommen alles, ohne etwas dafür zu tun" würde die Grundlage entzogen.

Ein nicht unerheblicher Beitrag, um eine friedliche Stimmung rund um die deutsche Flüchtlingspolitik zu fördern.

12

Ist Gastrecht nicht gleich Benimmverpflichtung?

Silvester 2015 in Köln: Im Bereich des Bahnhofsvorplatzes sowie der angrenzenden Treppe zur Domplatte sammeln sich zeitweise mehr als tausend Menschen an. Dabei handelt es sich überwiegend um männliche Personen im Alter zwischen circa 15 und 35 Jahren, die dem äußeren Eindruck nach aus dem nordafrikanischen und arabischen Raum stammen. Die Personen (im Jargon der Polizei Nordrhein-Westfalen „Nafris" genannt) werden von den Einsatzkräften als zum Großteil „stark alkoholisiert" und „völlig enthemmt und aggressiv" beschrieben. Es kommt zu zahlreichen sexuellen Übergriffen auf Frauen durch Gruppen der Männer. Die Opfer beschreiben später in Interviews, wie sie überall am Körper, vor allem zwischen den Beinen, angefasst worden seien und wie man versucht habe, ihnen die Kleidung auszuziehen, während die Täter gleichzeitig in die Taschen gegriffen hätten.

In vielen Fällen werden sowohl Sexual-, als auch Eigentums- und Körperverletzungsdelikte verübt. Es werden in der folgenden Zeit 1210 Strafanzeigen gestellt. Etwa die Hälfte betreffen auch Sexualdelikte. 290 Verdächtige können ermittelt werden, dabei weist sich der Großteil der Personen aus dem nordafrikanischen oder arabischen Raum durch eine Meldebescheinigung des Bundesamtes für Migration als Asylsuchender aus. Siebenunddreißig Personen werden letztlich verurteilt, davon sechs wegen sexueller Nötigung.

Der Polizei und der Bundespolizei wird vorgeworfen, sie habe die Lage in ersten Berichten beschönigend dargestellt. Bemängelt wird auch eine späte und zunächst zurückhaltende mediale Berichterstattung. Aus weiteren deutschen und europäischen Städten werden ähnliche Vorfälle berichtet. Die Übergriffe erfahren große nationale und internationale Beachtung (55).

Zwei Marokkaner, die in Deutschland Asyl beantragt haben, und wegen Trickdiebstahls festgenommen werden gehören nach Erkenntnissen der Polizei möglicherweise zu den Sexualstraftätern aus der Silvesternacht, es wird diesbezüglich gegen sie ermittelt. Beide sind zudem durch diverse Straftaten, vom Diebstahl bis zur Körperverletzung, polizeibekannt.

Vor Gericht verhalten sich die beiden Männer „abgezockt und routiniert", der Polizei gegenüber „aggressiv und zu allem bereit", so der Polizist Christoph G., „so, wie sich diese Klientel immer verhält", fügt er hinzu.

Weil die beiden Trickdiebe im sogenannten Eilverfahren binnen einer Woche vor Gericht gestellt werden, bleibt den Behörden kaum Zeit für Ermittlungen: Wer sind die Täter? Welche Kontakte haben sie? Wovon leben sie? Die Justiz ist ahnungslos.

"Sie haben Glück gehabt, dass unser Informationsstand so ist, wie er ist", sagt der Staatsanwalt. Obschon die Festgenommenen wegen eines gewerbsmäßigen Diebstahls angeklagt waren, verurteilt die Richterin sie schließlich nur wegen eines einfachen Diebstahls zu einer Woche Jugendarrest. "Das sollte nicht noch mal vorkommen", mahnt die Juristin. Und weil das Duo den Arrest mit der Untersuchungshaft bereits abgesessen hat, sind die Herrschaften noch am gleichen Tag wieder frei.

"Für uns Polizisten sind solche Urteile vollkommen unverständlich", kritisiert der nordrhein-westfälische Landesvorsitzende der Deutschen Polizeigewerkschaft, Erich Rettinghaus, gegenüber SPIEGEL ONLINE. "Es kann doch nicht sein, dass wir gerade in diesem Fall, in dem es Bezüge zu den Übergriffen an Silvester gibt, eine derart niedrige Strafe verhängen." Diese Nachsicht könne verheerende Folgen haben. "Leider verstehen gerade solche Täter die Milde eines Richters fälschlicherweise als Schwäche des Rechtstaats", so Rettinghaus.

Tatsächlich gehen die gerade noch so reumütigen Trickdiebe schon wenige Minuten später lachend aus dem Gericht. Als der Bundespolizist Christoph G. das sieht, steigt er spontan aus seinem Wagen und schüttelt heftig den Kopf. "Ich fasse es nicht", sagt er. "Das ist für mich und für die Opfer wie ein Schlag ins Gesicht." Er sei sich sicher, die beiden Männer bald schon am Kölner Hauptbahnhof wiederzusehen, sagt G. (56).

Drei Jahre nach der Kölner Silvesternacht werden nach den Ermittlungen lediglich zwei Personen wegen sexueller Nötigung verurteilt. Zudem kommt es zu einer Verurteilung wegen "Grapschens", teilt das Amtsgericht Köln auf Nachfrage mit.

Die höchste Strafe verhängt das Gericht mit einer Haftstrafe von einem Jahr und zehn Monaten wegen räuberischen Diebstahls. Die Sexualstraftäter werden nach den Angaben des Gerichts jeweils zu einem Jahr Jugendstrafe auf Bewährung verurteilt (57).

Solche lächerlich geringen Strafen bringen verständlicherweise das Volk auf die Palme. Und nicht nur das: Sie spielen auch den Rechten mehr in die Hände als alles andere. Zeigen doch die ausgesprochenen Urteile, dass der Rechtsstaat unfähig scheint, solch geartete Vergehen entsprechend zu ahnden.

Taten wie die geschilderten müssen lückenlos aufgeklärt und deutlich härter bestraft werden, um eine erzieherische Wirkung bei unseren neuen Mitbürgern zu erzielen. Denn nicht zuletzt führen solch' milde Strafen auch dazu, dass bei den Tätern weder Angst vor den Folgen einer möglichen Wiederholungstat aufkommt, noch potenzielle Nachahmungstäter Respekt vor der deutschen Justiz bekommen. In einem solchen Klima ist die Gefahr groß, dass sich entsprechende Straftaten wiederholen oder sogar weiter eskalieren. Würde dagegen bereits beim zweiten Vergehen unmissverständlich die Abschiebung drohen, wäre die Gefahr der Wiederholung oder Nachahmung sicherlich deutlich geringer.

Leider jedoch haben Straftaten für den Fortgang des Asylverfahrens der mutmaßlichen Täter kaum Auswirkungen. Straffällig gewordene Schutzsuchende haben es keinesfalls schwerer, einen positiven Bescheid zu erhalten. „Zunächst einmal behandelt ein Rechtsstaat alle Täter gleich, das gilt natürlich auch für Asylbewerber", sagte Reinhard Marx, Anwalt für Asyl- und Flüchtlingsrecht in Frankfurt, der „Welt". Erst, wer zu einer Freiheitsstrafe von mehr als drei Jahren verurteilt wird, werde aus dem Asylverfahren ausgeschlossen. Seit den massenweisen sexuellen Übergriffen in Köln an Silvester 2015 wurden die Regelungen verschärft. Seither reicht auch ein Strafmaß ab einem Jahr aus – aber nur in besonderen schweren Fällen, etwa schwere Gewalt- und Sexualdelikte. „Das gilt aber nur, sofern die Straftat mit Gewalt, unter Anwendung von Drohung mit Gefahr für Leib oder Leben oder mit List begangen worden ist", sagt ein Sprecher des Bundesamts für Migration und Flüchtlinge (58).

Anfang 2016 schlägt der Linken-Ikone Sahra Wagenknecht eine Welle der Empörung entgegen. „Wer Gastrecht missbraucht, hat Gastrecht verwirkt", sagt die damalige Fraktionsvorsitzende damals mit Blick auf die Ereignisse auf der Kölner Domplatte in der Silvesternacht. Rechte Rhetorik wirft man ihr vor. Dabei hat sie doch eigentlich nur die

Kanzlerin wiederholt: „Ja, man verwirkt sein Gastrecht", hatte Angela Merkel (CDU) nur wenige Tage vor Wagenknecht in Reaktion auf denselben Anlass gesagt.

Anscheinend sind sich parteiübergreifend also alle einig: Bei einem Flüchtling, der Böses tut, sollte es vorbei sein mit der Gastfreundschaft. „Selbstverständlich!", werden sich viele Bürger denken und den Politikern recht geben.

Schließlich ist ein Gastrecht ohnehin nur eine befristete und widerrufliche Berechtigung, als Besucher in einer anderen als seiner eigenen Umgebung, besonders in einem Personenkreis, zu dem er nicht fest gehört, zu bestimmten Zwecken vorübergehend anwesend zu sein und die Gastfreundschaft anderer in Anspruch zu nehmen (59).

Nur: ein Gastrecht, welches straffällig gewordene Zuwanderer verletzen können, gibt es gar nicht. Es müsste erst einmal existieren, damit es verletzt werden könnte...

Das Asylrecht hingegen ist in der deutschen Verfassung verankert.

Daraus jetzt den Schluss zu ziehen, dass der deutsche Staat von seinen ausländischen Zuwanderern keine Gastfreund-schaft, kein moralisch einwandfreies Benehmen einfordern kann, wäre grundfalsch.

Auch ohne entsprechende gesetzliche Grundlage, ich denke, zumindest moralisch kann der Satz Sahra Wagenknechts so stehen bleiben: Wer Gastrecht missbraucht, hat Gastrecht verwirkt.

Ein Ausländer, der gegen das Gesetz verstößt, dessen Aufenthalt die öffentliche Sicherheit, die freiheitliche demokratische Grundordnung und Interessen der Bundesrepublik Deutschland gefährdet, sollte abgeschoben werden.

Ein Flüchtling hat das Recht auf Sicherheit in einem anderen Land. Aber das Land hat ebenso das Recht, dafür Sorge zu tragen, dass seine Gesetze beachtet und befolgt werden. Das vorübergehende Gastrecht, das die Bundesrepublik Deutschland gewährt, sollte bereits als Bewährungsphase gelten. Wer hier aufgenommen, geschützt und unterstützt wird, dem sollte beigebracht werden, dass er sich zu benehmen hat. Wer aus humanitären Gründen aufgenommen wird, der hat sich human zu verhalten.

Eine politische Diskussion darüber, die Hürden, um Verbrecher abzuschieben, zu verkleinern, mag man deshalb durchaus führen.

Zurück zum Anfang dieses Kapitels, zur Silvesternacht 2016. Anstatt Straftaten wie die zum Jahreswechsel durch bessere Kontrollen im Vorfeld zu vermeiden und künftig bei entsprechenden Delikten härter durchzugreifen und drastischere Strafen zu verhängen, verfolgt man in Köln offenbar eine andere Strategie: Silvester anno 2019 spielt vor dem Kölner Dom die Musikgruppe „Buntes Herz", Musiker mit irakischen, syrischen und deutschen Wurzeln. Die Künstler bieten eine Mischung aus kurdischer und arabischer Folklore und westlich geprägtem Rock dar. Der Hintergrund scheint offensichtlich: Man versucht durch die Protagonisten auf der Bühne, potenzielle Randalierer ruhig zu stellen, hofft, dass sie friedlich bleiben, wenn sie einheimische Klänge hören. Die Angst, dass es wieder zu Ausschreitungen kommt, bestimmt die kulturelle Darbietung in der Kölner Silvesternacht. Ein erneutes Zeugnis der Hilflosigkeit der Entscheidungsträger. Und ein Signal an potenzielle Unruhestifter – die deutsche Polizei hat Angst vor Euch.

Wäre es nicht zielführender ein vornehmlich deutsches, gerne auch kölsches Programm darzubieten, um bewusst zu zeigen „wir lassen uns unsere Feste durch Euch nicht verderben"? Gerne zwischendurch auch mal ein ausländischer Künstler, ok., aber immer nur „wir haben uns alle lieb" funktioniert bei denen, bei denen die Botschaft ankommen soll, wahrscheinlich nicht.

13

Sollten Antragsprüfung und Abschiebung vereinfacht werden?

Ein junger Mann aus Afghanistan, abgelehnter Asylbewerber (60) wurde im Mai 2019 vom Landgericht Schwerin wegen Mordes zu lebenslanger Haft verurteilt. Die Richter sahen es als erwiesen an, dass der Angeklagte einem schlafenden Rentner in Wittenburg (Landkreis Ludwigslust-Parchim) die Kehle durchgeschnitten hat.

Der alte Mann hatte geschlafen, als der Täter ihm im Bett die Decke über das Gesicht zog und ihn dann mit einem Kehlschnitt tötete. Er fügte dem Rentner eine 22 Zentimeter lange und sieben Zentimeter tiefe, tödliche Wunde bei. Das Töten per Kehlschnitt hatte er während seiner Flucht in der Türkei gelernt, wo er zeitweise als Schaf- und Rinderhirte arbeitete. Dies erzählte er dem psychiatrischen Gutachter, der wiederum als Zeuge davon im Gericht berichtete.

Bereits einige Zeit vor der Tat im November 2018 habe sich der Afghane mit dem Gedanken getragen, den 85-Jährigen zu töten, so die Staatsanwaltschaft. Eine spontane Tat war es demnach nicht.

Der junge Mann hatte die Tochter des Opfers über die Flüchtlingshilfe kennengelernt. Sie hatte ihn gebeten, dem Rentner in Garten und Haushalt zu helfen (61).

Als ob es nicht schon schlimm genug wäre, dass wir nicht in der Lage sind, Gewalttaten von Asylbewerbern durch bessere Einreisekontrollen im Vorfeld zu verhindern. Weit fataler ist noch, dass diese oftmals von Personen begangen werden, deren Asylantrag noch nicht bearbeitet oder bereits abgelehnt wurde.

Ein grundsätzliches Problem im deutschen Asylverfahren ist die lange Verfahrensdauer, bis Asylanträge bearbeitet sind.
Die Dauer des Asylverfahrens ist im dritten Quartal 2018 in Deutschland auf durchschnittlich sechs Monate gesunken. Im ersten Quartal 2018 hatte die durchschnittliche Dauer noch bei etwa neun Monaten gelegen.
Damit hat die Bundesregierung ihr selbst gestecktes Ziel allerdings erneut nicht erreicht: Zu Beginn der verstärkten Migration nach Europa im September 2015 hatte sich Bundeskanzlerin Angela Merkel (CDU) mit den Minister-präsidenten darauf verständigt, Asylverfahren in drei Monaten abzuschließen (62).

„Wir erwarten vom Bundesamt, dass zunächst die Anträge aus den sicheren Herkunftsstaaten so schnell wie möglich bearbeitet werden, damit Asylbewerber aus diesen Ländern schnell in ihre Heimat zurückgeführt werden können", fordert Bayerns Innenminister Herrmann. „In Syrien sieht jeder die Not, Serbien ist das Gegenteil davon" (63).

Im Rahmen des Asylverfahrens erfolgt die Anordnung einer Abschiebung in Deutschland durch das Bundesamt für Migration und Flüchtlinge (BAMF). In der Regel bekommt ein Asylsuchender die Abschiebeandrohung zeitgleich mit der Ablehnung des Asylantrags und einer Mitteilung über die Länge der Frist zur freiwilligen Ausreise.

Meist beträgt diese Frist einen Monat. Erst danach können die Behörden Abschiebungen vollziehen. Dies liegt jedoch im Aufgabengebiet der Ausländerbehörden des jeweiligen Bundeslandes.

Das häufige Scheitern von Abschiebungen wird regelmäßig thematisiert.

Warum ist es so schwer, Abschiebungen zu vollziehen?

»Wer kein Asyl erhält, soll sofort abgeschoben werden.«

Das mag logisch klingen, ignoriert aber, dass es oft triftige Gründe gibt, warum eine Abschiebung nicht vollzogen wird: In vielen Fällen ist die Abschiebung aus rechtlichen oder tatsächlichen Gründen nicht möglich – etwa weil schwerwiegende Abschiebehindernisse vorliegen (zum Beispiel Krankheiten) oder weil sich Herkunftsstaaten weigern, ihre Staatsangehörigen zurückzunehmen.

Abschiebungen in bestimmte Staaten werden politisch über viele Jahre hinweg nicht für vertretbar gehalten, wie beispielsweise nach Afghanistan oder in den Irak. Immer wieder stoppen Verwaltungsgerichte innereuropäische Abschiebungen, zum Beispiel nach Ungarn oder Bulgarien, wegen der dort für Flüchtlinge katastrophalen Bedingungen (64).

Im Einzelfall erteilen Ausländerbehörden wegen dringender persönlicher oder humanitärer Gründe eine Aussetzung der Abschiebung, eine Duldung. Eine solche kann aus „völkerrechtlichen oder humanitären Gründen oder zur Wahrung politischer Interessen der Bundesrepublik Deutschland" (§60a AufenthG) erfolgen.

Auch, wer aus einem autoritären Staat kommt und behauptet, schwul zu sein, wird in Deutschland mindestens geduldet.

In bestimmten Fällen reichen auch dringende persönliche Gründe zum Aufschub der Abschiebung aus.

Eine Duldung hebt die Ausreisepflicht des Ausländers jedoch nicht auf, sondern „friert" diese gewissermaßen ein. Sie ist somit keinesfalls mit der Erteilung eines Aufenthaltstitels gleichzusetzen (65).

Abschiebungen durchzuführen erschwert in Deutschland aber nicht nur das Asylgesetz, sie verzögern sich auch aus anderen Gründen.

So scheitern etwa nach Medienberichten vom Februar 2019 unter Berufung auf Angaben der Bundespolizei mehr als die Hälfte aller geplanten Abschiebungen im Jahr 2018. Von den 57.035 vorgesehenen Rückführungen kommen 30.921 nicht zustande. 2018 werden mehr als 27.000 zur Abschiebung vorgesehene Ausländer von den Bundesländern nicht wie geplant an die Bundespolizei übergeben. Gründe für die abgesagten Übergaben sind nach Angaben von Bundes-innenminister Horst Seehofer (CSU), dass die Betroffenen "nicht auffindbar" sind oder "nicht über die erforderlichen

Reisedokumente" verfügen (66).

Bereits Ende 2016 besitzen nach Angaben der Bundesregierung von rund 556.000 in Deutschland lebenden Menschen, deren Asylantrag irgendwann einmal abgelehnt worden ist, über 80 % inzwischen ein Aufenthaltsrecht aus anderen Gründen (67). Man hat den Eindruck, dass es letztendlich kaum eine Bedeutung hat, ob für einen Asylantrag gestimmt oder dieser abgelehnt wird. Der Asylbewerber bleibt so oder so. Auch mit stetig wachsendem Verbrechensdossier.

So sehr es einem Gewaltakt gleichkommt, verfolgte und hilfsbedürftige Menschen an der Grenze abzuweisen, so sehr hat ein Staat das Recht, sich seine Zuwanderer auszusuchen. Aus demselben Grund also, aus dem es illegitim ist, ganze Gruppen, Muslime etwa, unter Generalverdacht zu stellen, muss es legitim sein, Kriminelle entschlossener, und damit schneller und unkomplizierter, abzuweisen. Bei den Abschiebungen sollte man sich demnach zunächst auf die Straftäter konzentrieren und deren Verfahren beschleunigen. Auch, wenn sie aus Krisengebieten kommen.

Sogenannte „Hot Spots" („Brennpunkte"), Erstaufnahme- und Registrierungszentren, in denen die ankommenden

Flüchtlinge direkt an der EU-Außengrenze identifiziert werden, gibt es seit 2015 auf den griechischen Inseln und in Italien.

Diejenigen, die Asyl beantragen, sollen direkt in ein Asylverfahren weitergeleitet werden; für die anderen wird die Rückführung koordiniert. Eine Möglichkeit, außerhalb der Staatsgrenzen einen Asylantrag zu stellen – das hört sich erst einmal an, wie die Lösung schlechthin.

Allerdings sind die Asylverfahren durch die Hotspots bisher nicht beschleunigt worden. Vielmehr warten viele Schutzsuchende in den abgeschlossenen Einrichtungen monatelang.

Und in Griechenland sind die Lager leider auch nach fünf Jahren noch elende Provisorien. Die Hotspots in Lesbos, Samos, Leros, Chios und Kos sind hoffnungslos überfüllt, die Zustände sind katastrophal.

„Wir leben unter wirklich unmenschlichen Bedingungen", „Wir bekommen extrem schlechtes Essen". „Nur durchnässte Zelte für mehrere tausend Menschen. Es geht uns wirklich sehr, sehr schlecht". „Medizinische Hilfe gab es für mich bisher nicht". Solche und ähnliche Zitate hört man immer wieder (68).

Es gibt sogar Berichte über gewaltsame Zurückweisungen („Push-Backs„) an den Landgrenzen. Die Türkei spricht von Zehntausenden illegalen Zurückschiebungen allein in diesem Jahr. Von dort werden viele Menschen weiter in ihre Heimatländer abgeschoben. Die EU macht sich auf diese Weise mitverantwortlich, wenn Schutzsuchende wieder ihren Verfolgern ausgeliefert werden (69).

Der Sprecher von Amnesty International Italien, Gianni Rufini, schlägt vor, in nordafrikanischen Städten Zentren einzurichten, von denen aus Asyl beantragt werden könne. Vergleichbare Konzepte stehen unter den Begriffen „Asylzentren", „Auffanglager" oder „Aufnahmezentren in Nordafrika" seit langem in der politischen Diskussion (70).

Marokko und die Afrikanische Union schieben den diesbezüglichen Ideen der EU jedoch schnell einen Riegel vor: „Ausschiffungsplattformen" oder „Hot Spots" werde es auf ihrem Territorium nicht geben. An der afrikaweiten Abwehrhaltung hat sich bislang nichts geändert (71).

Zudem belegt die Realität in den bestehenden Hotspots in Italien und Griechenland bereits, dass die Umsetzung solcherart Konzepte die Rechtlosigkeit und Unsicherheit von Schutzsuchenden massiv verstärken. Auch deswegen müssen vergleichbare Pläne der EU, ähnliche Lager in nord- und westafrikanischen Ländern zu schaffen, strikt abgelehnt werden. Vor allem die griechischen Hotspots sind de facto Haftlager, in denen Geflüchtete unter katastrophalen Bedingungen auf unbestimmte Zeit ausharren müssen. Sie sind stark überfüllt, unsicher und unterlaufen klar humanitäre Standards. Die Umsetzung jedweder Lager weit jenseits der EU lässt noch weit schlimmere Zustände befürchten, als sie in Griechenland bereits herrschen (72).

Die Einrichtung von Hotspots ohne eine grundlegende Neuausrichtung der europäischen Migrations- und Flüchtlingspolitik hat die derzeitigen Probleme nur in großem Maßstab institutionalisiert.

Die Bundesregierung ist sich der Problematik durchaus bewusst und versucht, mit neuen Gesetzen der Lage Herr zu werden.

Das Geordnete-Rückkehr-Gesetz erschwert unter anderem abgelehnten Asylbewerbern, ihre Abschiebung zu verhindern und führt einen neuen Duldungsstatus für

Personen mit ungeklärter Identität ein.

Außerdem wurden Abschiebungshaft und Ausreise-gewahrsam praktikabler ausgestaltet und die sogenannte Mitwirkungshaft neu eingeführt.

Das zweite Datenaustauschverbesserungsgesetz verbessert die Registrierung von Asyl- und Schutzsuchenden und den Datenaustausch zwischen den zuständigen Behörden.

Die Europäische Grenz- und Küstenschutzagentur Frontex wird bis 2027 auf 10.000 Grenzbeamte aufgestockt. Die neue ständige Reserve soll die EU-Länder beim Außengrenzschutz und Rückführungsaufgaben sowie beim Kampf gegen grenzüberschreitende Kriminalität unterstützen (73).

Es erscheint fraglich, ob diese Maßnahmen die Situation grundlegend ändern.

Unstrittig scheint, dass es eine Politik der offenen Grenzen in Europa nicht geben darf. Im Idealfall sollte schon bei der Erstkontrolle eines Flüchtlings an der Grenze dessen Identität durch die Polizei geklärt werden.

Besser wäre natürlich noch, solche Brandstifter gar nicht erst nach Europa einreisen zu lassen.

Dazu allerdings müssten vor den Toren des Schengen-Raums in irgendeiner Form Schleusen errichtet werden, in denen illegale Einwanderer von Flüchtlingen und vor allen Dingen Freiheitssuchende von Freiheitsfeinden getrennt werden.

Von einer effizienten und menschenwürdigen Lösung ist man diesbezüglich im hoch entwickelten Europa immer noch weit entfernt. Ebenso wie von einer gemeinsamen Strategie und Politik innerhalb der Europäischen Union.

14

Sind wir für alle Zeiten schuldig?

Die Herrschaft des Nationalsozialismus im Zweiten Weltkrieg ist das schwärzeste Kapitel in der deutschen Geschichte.

Dem nationalsozialistischen Völkermord, auch als Holocaust (abgeleitet aus dem altgriechischen „vollständig verbrannt") bekannt, fielen 5,6 bis 6,3 Millionen europäische Juden zum Opfer. Deutsche und ihre Helfer führten ihn von 1941 bis 1945 systematisch, ab 1942 auch mit industriellen Methoden durch, mit dem Ziel, alle Juden im deutschen Machtbereich zu vernichten. Dieses Menschheitsverbrechen gründete auf dem staatlich propagierten Antisemitismus und der rassistischen Gesetzgebung des NS-Regimes. In der NS-Ideologie wurde der Völkermord an den Juden seit dem Überfall auf Polen als „Vernichtung lebensunwerten Lebens" gerechtfertigt und mit den NS-Krankenmorden der „Aktion T4" und der Kinder- „Euthanasie" auf eine Stufe gestellt. Der endgültige Entschluss zur Ermordung aller Juden fiel in engem Zusammenhang mit dem Vernichtungskrieg gegen die UdSSR ab dem Sommer 1941 (74).

Auch, wenn es tatsächlich, man wundert sich stets aufs Neue, auch heutzutage immer noch Menschen gibt, die der festen Überzeugung sind, dass wir mit dem Kriegsausbruch gar nichts zu tun hatten und Hitler gar nicht der Unhold war, als der er immer dargestellt wird: Die deutsche Kriegsschuld ist unbestritten. Sie führte dazu, dass sich Deutschland zur Zahlung von Reparationen (lateinisch: reparare, wieder-herstellen), von Transferleistungen in Form von Kriegsent-schädigungen verpflichtete. Der Begriff bezeichnet wirtschaftliche Leistungen, also Schadensersatz in finanzieller oder materieller Form, die für Kriegsschäden an andere Länder zu leisten sind. Zu diesen Kriegslasten gehören die Schäden an Vermögen, Immobilien und Menschen (75).

So betrifft die „Reparationsfrage" im Fall Griechenlands Forderungen nach Rückzahlung von nach griechischer Ansicht geraubten Geldmitteln und Entschädigungen für Kriegsschäden während des Zweiten Weltkriegs (76).

Polen glaubt, im Vergleich zu anderen Ländern und zum im Zweiten Weltkrieg erlittenen Leid keine angemessene Kompensation erhalten zu haben. „Polen hat von Deutschland bis heute keine angemessene Kompensation für die Gräueltaten des Zweiten Weltkriegs bekommen.", so

Ministerpräsident Morawiecki. Es gebe „Länder, die ein Vielfaches weniger verloren haben, aber mehr Kompensation bekommen haben", pflichtet ihm Außenminister Czaputowicz bei (77).

Auffällig ist, dass gewisse Länder Deutschland immer dann gern an behauptete Forderungen in Form von Reparationszahlungen erinnern, wenn sie selbst gerade in großen akuten wirtschaftlichen Problemen stecken – man denke nur an die griechische Finanzkrise, die 2010 begann.

Sobald ein europäisches Land finanzielle Probleme hat, scheint man sich im besonderen Maße an die deutschen Kriegsverbrechen zu erinnern - da war doch was...

Die Kriegsschuld muss mitunter nicht nur dann herhalten, wenn ein Argument für materielle Ansprüche gegenüber Deutschland benötigt wird.

Immer wieder hört oder liest man zudem, dass wir Deutsche infolge der Vergehen unserer Vorfahren im Zweiten Weltkrieg in ganz besonderem Maße verpflichtet sind, Flüchtlinge willkommen zu heißen.

Diese Büßerhaltung infolge der Verfehlungen unserer lange verstorbenen Landsleute nervt nicht nur gewaltig, sondern ist in der Asylproblematik auch rein sachlich nicht zu rechtfertigen.

Warum nicht? Nun, alleine schon deswegen, weil die allermeisten Asylsuchenden muslimischen Glaubens sind, und gerade Muslime sicherlich nicht diejenigen sind, die man infolge der deutschen Kriegsschuld demütig aufnehmen müsste.

Hass ermöglicht die seltsamsten Koalitionen. Das Prinzip „Der Feind meines Feindes ist mein Freund" ist zwar, nüchtern betrachtet, blanker Unsinn, bleibt aber in der internationalen Politik dennoch mitunter einflussreich.

Nach Ausbruch des Zweiten Weltkrieges und dem Einmarsch deutscher Truppen in muslimisch-bevölkerte Regionen befasste man sich in Berlin damit, die strategische Rolle des Islam zu diskutieren.

Auf dem Höhepunkt des Krieges, in den Jahren 1941 bis 1942, als Hitlers Truppen in muslimisch bevölkerte Gebiete auf dem Balkan, in Nordafrika, auf der Krim und im Kaukasus einmarschierten und sich dem Nahen Osten und Zentralasien näherten, begann man in Berlin, den Islam als politisch bedeutsam wahrzunehmen. Das NS-Regime unternahm nun zunehmend Anstrengungen, Muslime als Verbündete zu gewinnen und sie zum Kampf gegen angeblich gemeinsame Feinde aufzustacheln – gegen das Britische Empire, die Sowjetunion, Amerika und die Juden.

"Deutschland wird den Krieg gewinnen – Insch'Allah!" (78).

Deutsche Nationalsozialisten und Araber gleichermaßen hatten besonders einen Gegner: Juden und das, was beide das „internationale Judentum" nannten. Intensiver als bei NSDAP-Anhängern und radikalen Arabern ist der Antisemitismus wohl nie gewesen.

Viele Tausend Muslime wurden ab 1942 als Hilfstruppen für Wehrmacht und Waffen rekrutiert und an verschiedenen Fronten eingesetzt. Das NS-Regime ließ Hunderttausende muslimische Rekruten für Deutschland kämpfen.

Einige von ihnen begingen auch, etwa im besetzten Jugoslawien, Kriegsverbrechen. Im Kosovo waren muslimische Waffen-SS-Männer sogar an der Deportation von Juden beteiligt. Noch heute stellen der arabische und der islamische Antisemitismus die gefährlichsten Formen des Judenhasses dar (79).

Vor diesem Hintergrund erscheint die deutsche Kriegsschuld

als Rechtfertigung einer besonders intensiven Verpflichtung Deutschlands, muslimische Flüchtlinge aufzunehmen, mehr als fragwürdig.

Aber nicht nur die Tatsache, dass die deutsche Kriegsschuld, wie wir gesehen haben, rein sachlich betrachtet keinesfalls für die Rechtfertigung einer übertriebenen Willkommenskultur ins Feld geführt werden kann, sollte auch eine aus ihr abgeleitete moralische Verpflichtung nicht überbetont werden.

Über sieben Jahrzehnte nach Kriegsende von der heutigen Generation Schuldgefühle für die Gräueltaten der Nationalsozialisten einzufordern, halte ich für geradezu absurd.

Was können Sie oder ich dafür, dass Menschen, die vor über 100 Jahren zufällig im gleichen Land geboren wurden wie wir, an einem grausamen Völkermord beteiligt waren?

Es gibt sogar Menschen in unserem Land, die im Rahmen von Urlaubsreisen nach Israel oder Nordamerika, wo viele Juden leben, das Bedürfnis haben, sich zu entschuldigen. Obgleich sie zur Zeit der begangenen Verbrechen nicht einmal das Licht dieser Welt erblickt hatten. Dafür fehlt mir jegliches Verständnis.

Mein Patenonkel ist in den 60er Jahren von einem Jugoslawen ermordet worden. Erwarte ich etwa jetzt, wenn ich in einem kroatischen Lokal zu Abend esse, einen Sliwowitz aufs Haus der Schuld wegen?

Davon einmal abgesehen: Das, was Deutschland im Zweiten Weltkrieg durchgemacht hat, ist auch schrecklich. Brutale Bombenangriffe auf deutsche Städte, Vertreibungen, das Leid nach dem Krieg, verursacht durch das Leben in einem besetzten, geteilten Land. Nicht zuletzt sind auch Millionen Deutsche im Krieg umgekommen.

In Deutschland wird all' das weit weniger beklagt als in anderen Ländern. Warum? Weil wir uns so schrecklich schuldig fühlen. Man hat den Eindruck, dass dies auch ein Grund dafür ist, dass viele Deutschen die Willkommenskultur so vehement einfordern. Weil sie zeitlebens Schuldgefühle suggeriert bekommen haben, angefangen vom Geschichts-unterricht in der Schule. Das führt dazu, dass die Menschen in unserem Lande bisweilen nicht sagen, was sie wirklich über Einwanderung, Integration und die Asyl- und Flüchtlings-politik denken.

Dass sie vor lauter geerbter Schuld kritische Gedanken zurückhalten oder, noch schlimmer, dass die Schuldgefühle Kritik an der Willkommenskultur gar nicht erst zulassen. Die Deutschen sollten sagen, was sie wirklich über Einwanderung, Integration, die Euro-Krise, die ärmeren Länder in Europa denken und fühlen – frei von Schuldgefühlen und bar jeder Angst davor, als Rassisten verurteilt zu werden. Stellt man sich diesen heiklen Themen ohne Schuldgefühle, sind befriedigende Lösungen wahrscheinlicher.

Es ist an der Zeit, dass man in Deutschland aufhört, sich schuldig zu fühlen.

15

Kann Wohnraumnutzung moralisch verwerflich sein?

Mit Beginn des großen Flüchtlingszustroms 2015 kommen immer mehr Menschen nach Deutschland. Die angedachten Flüchtlingsunterkünfte sind schnell ausgelastet, das Gebot, Unterbringungen zu finden, ist allgegenwärtig. So werden Asylbewerber in ehemaligen Baumärkten, Hangars von stillgelegten Flughäfen, Turnhallen von Schulen, Containern und Zelten untergebracht.

Die Not ist groß. Und Not macht, wie man weiß, erfinderisch. Ergo kommen einige Kommunen auf die Idee, zumindest vorübergehend auch historisch belastete Gebäude als Unterkunft zu nutzen. So plant die nordrheinwestfälische Kleinstadt Schwerte in der Nähe von Dortmund, Asylbewerber in Baracken auf einem ehemaligen KZ-Außenposten unterzubringen. Hier, im KZ Schwerte-Ost, mussten zeitweilig über 700 ausländische Zwangsarbeiter schuften. Wie nicht anders zu erwarten, ist die öffentliche Empörung immens.

Der Plan sei "zynisch und geschichtsvergessen", empört sich die Linken-Bundestagsabgeordnete Ulla Jelpke. Auch NRW-Sozialminister Guntram Schneider (SPD) legt der Stadt dringend nahe, von der Idee abzusehen. Flüchtlinge in ehemaligen Arbeitslagern unterzubringen, könne auf keinen Fall Teil der Willkommenskultur Deutschlands sein, sagt er im Integrationsausschuss des Landtags. Obwohl das betroffene Gebäude jahrelang ohne Aufschrei genutzt wurde. Als Waldorf-Kindergarten, als Künstleratelier. Und während der Jugoslawien-Kriege Mitte der 1990er auch als Flüchtlingslager. Damals war die Historie des Orts den Leuten völlig egal. „Die hatten ganz andere Sorgen: Wie geht's meiner Familie, wie verständige ich mich, wie komme ich an Essen?" ergänzt Flüchtlingsvertreter Marks. Nun gut, räumt er dann ein, die meisten Flüchtlinge hätten damals wohl auch nicht gewusst, was für eine Vergangenheit das Gelände hat.

"Wir können nicht alle Orte der NS-Zeit tabuisieren", sagt Bürgermeister Böckelühr. Zudem ergeben Nachforschungen des Westfälischen Denkmalamts, dass das fragliche Gebäude, in welches die Flüchtlinge einquartiert werden sollen, zur NS-Zeit noch gar nicht existiert hat. Eine Mitarbeiterin habe zwei

Tage lang Luftaufnahmen analysiert und sei zu dem Schluss gekommen, dass die alte KZ-Baracke wohl abgerissen und in den 1950ern ein neues Gebäude errichtet wurde (80).

Im bayerischen Augsburg sollen Flüchtlinge in einer Halle auf dem Sheridan-Areal untergebracht werden, die während der Zeit des Nationalsozialismus ein Außenlager des KZ Dachau war. Auch in diesem Fall regt sich heftige Kritik.

Die Präsidentin der Israelitischen Kultusgemeinde München, Charlotte Knobloch, reagiert entsetzt auf das Vorhaben. "Das ist ein völlig indiskutabler Vorgang, das Ende der dringend notwendigen Erinnerungskultur", zitiert die Münchner Abendzeitung Knobloch. Gerade in Zeiten, in denen Antisemitismus und Rassismus wieder Hochkonjunktur hätten, sei dies ein "verheerendes Zeichen", eine Missachtung verfolgter Menschen, so Knobloch.

Der Freistaat Bayern entscheidet sich schließlich gegen die Nutzung von Halle 116 als Flüchtlingsunterkunft.

Augsburgs Sozialreferent Stefan Kiefer ist enttäuscht: "Wir teilen die Auffassung des Freistaats zur Unterbringung von Asylbewerbern in Halle 116 nicht", erklärte er. "Ich bin überzeugt, dass wir vor Ort eine gute Lösung gefunden hätten, aus dem 'Denkort' auch einen Ort des aktiven Wirkens im Sinne der Menschlichkeit zu entwickeln." Man wolle aber "keineswegs provozieren" und akzeptiere daher die Entscheidung des Freistaats (81). Die Grünen-Stadträtin Antje Seubert sieht in dem Projekt gar einen „Sieg über den Faschismus", berichtet die „Augsburger Allgemeine" (82).

Wie bereits im erwähnten Gebäude in Schwerte war auch das Gelände des Konzentrationslagers Dachau dabei bereits für fast 15 Jahre ein Flüchtlingslager: Von 1948 bis 1962 lebten hier Kriegsflüchtlinge und Heimatlose, bis 1965 die heutige KZ-Gedenkstätte eröffnet wurde.

Warum das, was in beiden geschilderten Fällen bereits einmal problemlos funktionierte, nicht noch einmal möglich sein soll, erschließt sich mir nicht.

Zumindest dann, wenn keine andere Möglichkeit aufgetan werden kann, Flüchtlinge unterzubringen, darf man auch eher unbequeme Szenarien nicht von vornherein ausschließen.

Über 70 Jahre nach Ende des Zweiten Weltkriegs muss man sich schließlich damit auseinandersetzen, dass nicht alle Flächen tabu sein könnten. Vor allem dann nicht, wenn es darum geht, muslimische Flüchtlinge unterzubringen, die, wie wir im letzten Kapitel erfahren haben, nicht etwa Opfer des deutschen Nationalsozialismus waren, sondern vielmehr Mittäter, welche dieselbe Ideologie verfolgten.

Bestünde die Idee, flüchtige Juden in ein ehemaliges KZ einzuquartieren, wäre der kollektive Aufschrei durchaus verständlich.

Vorbehalte, muslimische Flüchtlinge in einem ehemaligen Konzentrationslager unterzubringen hingegen, erscheinen vor dem geschilderten Hintergrund jedoch haltlos.

In Zeiten wie diesen, in denen Wohnungen für einheimische Bürger in den Ballungszentren knapp sind, und junge Familien nur schwer adäquaten bezahlbaren Wohnraum finden, dürfen meines Erachtens nicht fadenscheinige Argumente, die einer sachlichen Betrachtung kaum standhalten, dafür herhalten, eine potenzielle Flüchtlings-unterkunft infrage zu stellen. Die abertausenden Flüchtlinge, die Deutschland aufnimmt, benötigen dringend eine Unterkunft (83).

Es geht darum, Menschen, die sich in einer Notlage befinden, zu helfen. Dafür muss jede Räumlichkeit, die den Mindestanforderungen -Heizung, fließendes Wasser, Strom und Hygiene- entspricht, zunächst einmal ausreichend sein, erst einmal recht sein.

Zumal sich bedingt durch die Flüchtlingspolitik die Lage auf dem Wohnungsmarkt weiter zugespitzt hat.
Viele Flüchtlinge zieht es – wie andere Menschen auch – in die Städte, wo es Jobs und Infrastruktur gibt und wo sie Perspektiven sehen. Dadurch verstärkt sich der Wohnungsmangel zusätzlich. Nur haben die Flüchtlinge dieses Problem nicht verursacht: In den Ballungszentren war erschwinglicher Wohnraum schon lange knapp, bevor die Flüchtlingszahlen stiegen. Grund ist, dass jahrelang nicht annähernd bedarfsorientiert in den sozialen Wohnungsbau investiert wurde, sondern vielerorts ein regelrechter Ausverkauf öffentlicher Immobilien stattfand (84).

Es muss bezahlbarer Wohnraum für alle Menschen mit geringem Einkommen geschaffen werden – nicht nur für Flüchtlinge.

Bis das der Fall ist, dürfen auch geschichtlich belastete Gebäude als Flüchtlingsunterkunft nicht von vornherein und ohne stichhaltige Begründung tabu sein.

16

Schützt der deutsche Staat seine Bürger vor kriminellen Zuwanderern?

Über die Aufgaben des Staates herrscht seit Jahrhunderten bei den Ideologen wie auch bei den Praktikern gleichermaßen durchaus Uneinigkeit. Das Meinungsspektrum reicht von jenen, die den Staat und seine Macht möglichst einschränken und ihm lediglich Polizeiaufgaben zubilligen wollen, zu denjenigen, die den totalen Staat befürworten, der die Menschen, wenn nötig mit Gewalt, zu ihrem Glück zwingt.

Die deutsche Staatslehre hat sich lange Zeit mit den Staatszielen wenig auseinandergesetzt. Ein Blick in heutige Verfassungen zeigt, dass sich diese weitgehend darauf beschränken, die Grundordnung für die staatliche Organisation und die Freiheiten der Menschen zu umschreiben, nicht aber die eigentlichen Ziele und Aufgaben des Staates (85).

Wie sieht es aus mit dem Schutz der Bevölkerung, mit der inneren Sicherheit? Besteht nicht auch darin eine Aufgabe des Staates?

Der Begriff der Sicherheit lässt sich eher als normative Zielsetzung denn als realer Zustand begreifen. Da das „Grundrecht auf Sicherheit" im Grundgesetz nicht ausdrücklich erwähnt ist, wird es aus ungeschriebenem Verfassungsrecht, aus der Rechtsprechung des Bundesverfassungsgerichts oder aus Völkerrecht abgeleitet.

Wörtlich findet sich im Grundgesetz weder ein „Grundrecht auf Sicherheit", noch die innere Sicherheit als Staatsaufgabe oder Staatsziel.

Grundlage des „Grundrechts auf Sicherheit" sollen die Gewährleistungen der Einzelgrundrechte beziehungsweise die Gesamtheit der grundrechtlichen Schutzpflichten sein. Der Schutzaspekt aktualisiere die persönliche Sicherheit des Einzelnen als grundrechtsvermittelte Selbstverständlichkeit des freiheitlichen Staates.

Das „Grundrecht auf Sicherheit" lässt sich auch aus der Rechtsprechung des Bundesverfassungsgerichts ableiten. Dieses stellte in der sogenannten „Schleyer-Entscheidung" fest, dass der Staat aufgrund von Art. 2 Abs. 2 GG eine umfassende Pflicht habe, jedes menschliche Leben zu schützen, sich schützend und fördernd vor dieses Leben zu stellen und es vor allem auch vor rechtswidrigen Eingriffen von Seiten anderer zu bewahren.

Logisch erscheint auch eine Herleitung aus dem Völkerrecht. Die Existenz eines „Grundrechts auf Sicherheit" wird hier historisch aus den klassischen Menschenrechtserklärungen und frühen Verfassungen des 19. Jahrhunderts hergeleitet. Sicherheit sei kein Grundrecht, sondern eine Staatsaufgabe. Schaffung und Gewährleistung von Sicherheit gehören zu den primären Aufgaben des Staates. Statt eines solchen Grundrechts gibt es vielmehr einen grundrechtlich verbürgten Anspruch auf Schutz bei konkret drohenden Gefahren einschließlich des Schutzes vor latent drohenden Gefahren aus gefährlichem Tun anderer (86). Die Politik der äußeren Sicherheit ist darauf ausgerichtet, von außen kommende schädigende Einwirkungen auf das Staatsgebiet abzuwehren.

Auf dem Höhepunkt des Flüchtlingsansturms hat die Bundeskanzlerin die Warnungen der Sicherheitsbehörden vor ihrer Politik der offenen Grenzen in den Wind geschlagen. Damals sprachen die Chefs von Bundespolizei, Verfassungsschutz und Bundesnachrichtendienst im Kanzleramt vor, um auf die eminenten Risiken der unkontrollierten Einreise von Hunderttausenden aus den Krisengebieten des Mittleren Ostens hinzuweisen. Schließlich bestehe die Gefahr, dass sich unter den Schutzsuchenden auch islamistische „Gotteskrieger" und Gewalttäter befänden. Die Intervention war vergeblich; das Kanzleramt hielt an seinem angeblich „alternativlosen" Kurs fest. Heute leben zigtausende, vielfach noch gar nicht registrierte Einwanderer im Land, über deren Identität und Absichten keinerlei Klarheit besteht. Es ist eingetreten, was die Behörden befürchtet haben: Die Sicherheitslage hat sich infolge des monatelangen Kontrollverlustes an den deutschen Grenzen drastisch verschärft. Politik und Medien hingegen versuchen davon abzulenken, dass in der Politik der offenen Grenzen und der unkontrollierten Masseneinwanderung auch ein „riesiger Unsicherheitsfaktor" steckt, wie es der Polizei-Gewerkschafter Wendt beschreibt (87). Zu behaupten, mit solchen Bedenken würden nur Aktionismus und Stimmungsmache betrieben, geht an der Realität vorbei.

Angela Merkels Politik der offenen Grenzen hat die Sicherheitslage verschärft.

Niemand hat mehr einen Überblick, wer ins Land kommt. Wir importieren islamistischen Extremismus, arabischen Antisemitismus, nationale und ethnische Konflikte anderer Völker. Wir importieren ein anderes Rechts- und Gesellschaftsverständnis. All' das geht zulasten der Sicherheit in unserem Lande. Unter hochrangigen Sicherheitsbeamten des Bundes kursiert Ende 2015 eine Analyse, die deutlich warnt: Die deutschen Sicherheitsbehörden „sind und werden nicht in der Lage sein, diese importierten Sicherheitsprobleme und die hierdurch entstehenden Reaktionen aufseiten der deutschen Bevölkerung zu lösen" (88).

Ein Rechtsstaat steht in der Pflicht, seine Bürger so gut es irgend geht zu schützen. Tut er das nicht, geht das Vertrauen in ihn verloren. Die Herausforderung durch den Terrorismus erfordert bei aller unabdingbarer Besonnenheit auch die Härte des Rechtsstaats. Und der beunruhigte Bürger braucht das Gefühl, dass der Staat eine seiner Kernaufgaben nach besten Kräften erfüllt. Ex-BND-Chef und Ex-Innen-Staatsekretär Hanning warnt, dass viele der Justierschrauben im Bereich Sicherheit, Justiz und Polizei in einer Zeit auf locker gestellt wurden, als man noch von einer massiven Alterung der

Gesellschaft und einem damit verbundenen Rückgang der Kriminalität ausging. Die Folgen sind bekannt – wir erleben eine massive Überforderung der Sicherheitsbehörden und Justiz, die zu einer Krise des Rechtsstaats führt. Dieser kapituliere bereits teilweise vor Kriminellen, warnen Insider. Wer diese Probleme nicht laut ausspricht und nicht auf die Tagesordnung bringt, verhindert, dass die Stellschrauben neu justiert werden. Er verhindert, dass Prävention betrieben wird, etwa durch eine bessere psychologische Betreuung, durch Sicherheitsmaßnahmen. Oder dadurch, dass „Intensivtäter" nicht so oft frei herumlaufen (89).

Im Oktober 2019 jogge ich mit meinem Australian Shepherd-Berner Sennen-Mix-Rüden den Rhein entlang. Als ein anderer Hund beginnt, meinen zu jagen, bitte ich den Besitzer des 4beiners, dem Aussehen nach zu urteilen, mit Wurzeln im Nahen Osten, höflich, seinen Hund festzuhalten. Keine Reaktion. Ich gehe auf den Mann zu und wiederhole mein Anliegen. Daraufhin dreht er sich um, zerschlägt eine Glasflasche und hält mir den scharfen Rest der Flasche an den Hals. In der anderen Hand hat er wie aus dem Nichts ein Messer, dass er mir auf die Niere drückt.

„Du bist nicht der erste Deutsche, den ich umbringe", höre ich den Mann sagen. Stocksteif vor Überraschung und Angst stehe ich da, kann kaum einen klaren Gedanken fassen. Mein Versuch, verbal zu beschwichtigen, macht meinen Gegenüber nur noch aggressiver. Er schreit mich an, dabei weiterhin beide Waffen an meinen Körper drückend. Als der Angreifer kurz vor der wohl -mindestens- beabsichtigten Körperverletzung noch ein Stoßgebet zum Himmel schickt, dabei leicht den Kopf in den Nacken fallen lässt, gelingt mir in diesem Moment der Unaufmerksamkeit die Flucht. Meine Ehefrau drängt mich dazu, den Vorfall der Polizei zu melden, wozu ich mich eher widerwillig bereiterkläre. Auf der Polizeiwache werde ich gebeten, mir eine Fotodatei anzuschauen, die aufgrund meiner Angaben über den Angreifer zusammengestellt wurde. „390 Männer, und das hier sind nur die schweren Fälle", informiert mich der Polizeibeamte, im Flüsterton fügt er hinzu „fast alles Asylanten". Nun gut: Infolge meiner Beschreibung der äußerlichen Erscheinung meines Peinigers und seiner Sprache war kaum zu erwarten, dass mir eine Datei mit blonden, blauäugigen Unholden aus Schweden oder Ostfriesland präsentiert wird.

Zu meiner Überraschung dauert es nicht lange und ich blicke in das Gesicht meines Angreifers. Der Mann wohnt in einem benachbarten Stadtteil, keine fünf Kilometer entfernt. Das weitere Prozedere: Ich stelle eine Anzeige, daraufhin wird der Anwalt des Verdächtigen Akteneinsicht verlangen. Und somit meine Identität erfahren. Es ist bekannt, dass Asylbewerber häufig aus Ländern kommen, in denen die Hemmschwelle zu Gewalttaten deutlich niedriger ist, als in unseren Breitengraden. Darum wissend beschleichen mich Zweifel, ob ich die Sache zur Anzeige bringen soll. „Ich weiß nicht, ob ich den Typen anzeigen sollte. Der wohnt quasi um die Ecke, nachher zünden die mir noch das Haus an", teile ich meine Bedenken dem Polizeibeamten mit. Dieser runzelt die Stirn, senkt betreten den Blick zu Boden und schweigt ein paar Sekunden „Also, ich würde es nicht tun", lautet die mich seltsamerweise nur wenig überraschende Antwort des aufrichtigen Beamten. Unfassbar! Die Polizei, die mich als Bürger schützen soll, tut dies, indem sie mir rät, Beinahe-Gewalttaten gegen meine Person nicht weiter zu verfolgen.

Welch' eine Kapitulation auch vor denen, die Schutz suchend unser Land bevölkern, aber nicht bereit sind, sich der herrschenden Ordnung zu unterwerfen.

Irgendwas läuft falsch im Staate Deutschland.

Dass unsere Damen und Herren Politiker dabei windmühlenartig schwadronieren, von den zugereisten Asylsuchenden ginge kaum Gefahr aus, ist bei Kenntnis der Zahlen schwer zu akzeptieren.

Für jemanden wie mich, der mit eben dieser Gefahr konfrontiert wurde, ist es dies nach dem geschilderten Vorfall ohnehin.

Damit machen es sich unsere Politiker, die stets von mehreren Bodyguards umringt sind, wenn sie sich auf der Straße bewegen, und infolge dessen auf Annehmlichkeiten ähnlich meiner Begegnung mit einem Zuwanderer am schönen Kölner Rhein leider verzichten müssen, weil sie wahrscheinlich noch nie außer-medial einem Flüchtling begegnet sind, deutlich zu einfach.

Es gilt, sich dem realen Szenario zu stellen und entsprechend zu reagieren.

Eine engere Kooperation der Sicherheitsbehörden in der Europäischen Union, eine konsequentere und schnellere Abschiebung straffälliger Ausländer und bekannter Gefährder sowie ein Schutz einheimischer Bürger, die Übergriffe von Zuwanderern melden, wären ein Anfang.

17

Tauchen Zuwanderer häufiger in den Kriminalstatistiken auf?

Die Frage, ob Flüchtlinge in Deutschland öfter an kriminellen Handlungen beteiligt sind als einheimische Bürger, wird in unserer Gesellschaft sehr kontrovers diskutiert.

Während die einen felsenfest davon überzeugt sind, dass dem so ist, werden die anderen nicht müde, zu beteuern, dass solche Behauptungen lediglich fremdenfeindlich motiviert sind nichts mit der Realität zu tun haben.

Das Gros unserer Politiker, so hat man den starken Eindruck, vertritt den letztgenannten Standpunkt. Oder tut zumindest so. Aber es gibt auch Ausnahmen: So erklärt Tübingens Oberbürgermeister Boris Palmer im Herbst 2018 in Bezug auf die Flüchtlingskriminalität: "Unter den Flüchtlingen sind deutlich mehr als unter den Deutschen - prozentual gesehen - die schwere Straftaten begehen" (90).

Die Polizeistatistiken sind die einzige einigermaßen verlässliche Quelle, um das Kriminalgeschehen in Deutschland zu beurteilen.

Laut diesen sank die allgemeine Gewaltkriminalität in Deutschland zwischen 2007 und 2015. Seit 2015 jedoch steigt sie in den meisten Bundesländern wieder. Das gilt vor allem für Körperverletzungsdelikte, aber auch für Raub und für Straftaten gegen die sexuelle Selbstbestimmung.

Vierzehn von sechzehn Bundesländern haben für das Jahr 2016 gemeldet: Ohne die Straftaten von tatverdächtigen Zuwanderern wäre die Gewaltkriminalität entweder weiter gesunken oder zumindest nicht gestiegen. Allgemein gilt: Zuwanderer waren 2016, selbst wenn man sämtliche ausländerrechtlichen Straftaten wie etwa den illegalen Aufenthalt herausrechnet, überdurchschnittlich an der gesamten registrierten Kriminalität beteiligt. Obwohl sie in der Regel nur zwischen 0,5 und 2,5 Prozent der Wohnbevölkerung in einem Bundesland ausmachen, stellten sie bis zu 10 Prozent aller tatverdächtigen Straftäter (91).

Im Jahr 2017 wurden deutlich mehr Deutsche Opfer eines Tötungsdelikts durch Asylzuwanderer als umgekehrt. Laut Bundeskriminalamt (BKA) fielen im Bereich Mord und Totschlag (inklusive Tötung auf Verlangen) „112 Deutsche einer Straftat zum Opfer, an der mindestens ein tatverdächtiger Zuwanderer beteiligt war. 13 Opfer wurden dabei getötet." Die übrigen Taten waren versuchte Tötungen. Umgekehrt wurden demnach 38 Zuwanderer „Opfer von Taten, an denen mindestens ein Deutscher beteiligt war. Kein Opfer wurde getötet." Das schreibt das BKA in seinem „Lagebild im Kontext der Zuwanderung". Mit der Kategorie „Zuwanderer" erfasst das BKA jene Untergruppe der hier lebenden Ausländer, die in den vergangenen Jahren über das Asylsystem zugewandert sind, mit dem Aufenthaltsstatus Asylbewerber, Schutzberechtigter, unerlaubt Aufhältiger und Geduldeter.

Blickt man abseits von diesen Tötungsdelikten auf andere Einzelbereiche der Gewaltkriminalität, ergibt sich auch dort eine deutliche Überrepräsentation der Asylzuwanderer. Bei gefährlicher und schwerer Körperverletzung, Raubdelikten sowie Vergewaltigung und sexueller Nötigung stellen sie in der Polizeilichen Kriminalstatistik (PKS) 2017 jeweils knapp mehr als 15 Prozent der ermittelten Tatverdächtigen. Ihr Anteil an der Bevölkerung liegt aber 2017 nur bei rund zwei Prozent (92).

Auch im Folgejahr 2018 geht aus dem Lagebild 'Kriminalität im Kontext der Zuwanderung' des Bundeskriminalamts eindeutig hervor, dass abermals nach 2017 Gewaltverbrechen in den Bereichen Mord, Totschlag, Körperverletzung, Sexualdelikte weit überproportional von Migranten der Zuwanderungswelle 2015/2016 verübt werden. Und dass die Anzahl der Verbrechen aus diesem Täterkreis gegenüber dem Vorjahr nochmals angestiegen ist (93).

Die Zahlen sprechen seit Beginn der Flüchtlingskrise eine eindeutige Sprache. Allein: Das Gros der Volksvertreter und der Medien traut sich offenbar nicht, diesen Sachverhalt sachlich zu thematisieren.

Dabei gibt es durchaus plausible Gründe dafür, dass die Zuwanderer öfter in den Kriminalstatistiken auftauchen als einheimische Bürger.

Die Asylbewerber sind im Durchschnitt jünger, häufiger männlichen Geschlechts, leben eher in Großstädten, gehören zu einem größeren Anteil unteren Einkommens- und Bildungsschichten an und sind häufiger arbeitslos. All das sind Merkmale, die statistisch die Neigung zu Straftaten erhöhen (94).

Flüchtlinge und Menschen mit Migrationshistorie haben es schwerer, einen qualifizierten Abschluss, die gewünschte Ausbildungsstelle oder einen Job zu bekommen. Ihre Teilhabe am gesellschaftlichen Leben ist dadurch oft in besonderem Maße eingeschränkt. Auch, weil sie in eine völlig neue, für sie fremd wirkende Gesellschaft, eintauchen.

Jene Menschen haben daher ein höheres Risiko, in eine Lebenssituation zu geraten, die Straffälligkeit begünstigt. Diese Probleme haben rein gar nichts mit Nationalität oder Abstammung zu tun. Deshalb ist der Vorwurf des Rassismus gegen all jene, die diese Problematik ansprechen, geradezu absurd.

Junge Männer sind per se, völlig unabhängig von ihrer Herkunft, die kriminalitätsaffinste Bevölkerungsgruppe, wie Ex-BND-Chef August Hanning im Interview mit Tichys Einblick betonte (95). Und unter den Migranten im Zuge der Flüchtlingskrise sind nun einmal gerade sehr viele junge Männer. Selbst ein plötzlicher Zuzug abertausender junger Menschen männlichen Geschlechts aus den Niederlanden oder der Schweiz würde gemäß kriminologischen Erfahrungs- werten zu einer Steigerung der Kriminalität führen – auch ohne, dass sie aus Krisengebieten, sozial abgehängt, schlecht integriert oder völlig anders sozialisiert wären.

Mehr als genug sachlichen Fakten also, die eine überproportionale Beteiligung von Asylsuchenden an Straftaten in Deutschland plausibel erklären. Und das bar jeglicher fremdenfeindlichen Motivation. Fernab jedweder rassistischen Gedanken.

Viele der abscheulichsten Verbrechen der vergangenen Jahre wurden nun einmal von Muslimen begangen. Die durchaus zutreffende Weisheit, dass nicht alle Muslime Terroristen sind, aber die meisten heutigen Terroristen halt Muslime, heißt statistisch leider auch, dass sich das Terrorismusrisiko in einem Land oder Kontinent erhöht, je mehr Muslime in ihm leben.

Wer wollte das angesichts der Erfahrungen der letzten Jahre ernsthaft bestreiten?

Warum darf man in Deutschland nicht offen ansprechen, dass eine nicht unerhebliche Anzahl derer, die bedingt durch die Flüchtlingskrise in unserem Lande sesshaft werden, kriminelle Taten begehen?

Wahrscheinlich deshalb nicht, damit unsere Politiker ihre Hilflosigkeit in der Flüchtlingspolitik, die importierte Kriminalität und die Unfähigkeit, eben diese in den Griff zu bekommen, nicht thematisieren müssen.

Die Bundesregierung würde viel an Glaubwürdigkeit gewinnen, wenn sie, statt die Zahlen und Fakten zu leugnen, auch im Falle der von Flüchtlingen begangenen Straftaten zunächst einmal an die Opfer und deren Angehörige denken würde, als unmittelbar nach solchen Taten die Priorität wieder und wieder darin zu sehen, das Geschehene herunterzuspielen und sich schützend vor die Flüchtlinge zu stellen – „keine Verallgemeinerung bitte"!

Es hat fast den Anschein, dass aus Sicht vieler unserer Politiker die Aufnahme der Schutzsuchenden über dem Schutz der eigenen Bevölkerung steht. Man nimmt das Risiko von importierten Straftaten offenbar bewusst in Kauf – und die Bevölkerung muss bereit zu Menschenopfern sein.
Denn Fakt ist nun einmal: Die Opfer der von Asylsuchenden begangenen Morde würden bei einer restriktiveren Flüchtlingspolitik wahrscheinlich noch leben.

Schutzsuchende aufzunehmen genießt oberste Priorität. Dieser Ansicht darf man gerne sein.

Allerdings sollte man dann auch der Bevölkerung gegenüber dazu stehen und das bislang Unausgesprochene und nur aus dem Verhalten Ableitbare endlich verbalisieren. Klar und unmissverständlich. Und nicht weiter gebetsmühlenartig darauf beharren, dass es „so schlimm" gar nicht sei mit der Kriminalität der Zuwanderer.

Selbstverständlich möchte auch ich prinzipiell, dass bedrohten Menschen aus Krisengebieten bestmöglich geholfen wird. Aber kann man Menschen nicht irgendwo auch verstehen, denen der Gedanke kommt „Warum tun wir uns all diese Leute an?".

Die sich fragen, welche moralische Verpflichtung die Bürger eines Staates haben sollten, Menschen aus anderen Ländern zu helfen, wenn sie damit gleichzeitig Gefahren für Leib und Leben importieren?

Mit diesem Argument hat Frankreich zu Beginn der Flüchtlingskrise 2015 eine Lastenteilung mit Deutschland abgelehnt: Liebe Nachbarn, lautete die Botschaft, wir haben schon genügend Probleme mit den Arabern, die in den letzten dreißig Jahren gekommen sind.

Und Ungarn wie Polen behaupten schlicht: Nicht mit uns – keine Muslime, kein Terrorproblem.

Man muss sich auch in Deutschland fragen dürfen: Sind wir bereit, den Preis der Sicherheit im eigenen Land für den Schutz der Flüchtlinge zu zahlen?

Und es darf nicht als unsittlich gelten, diese Frage für sich selbst mit „nein" zu beantworten.

Fragen Sie mal die Angehörigen all' derjenigen, deren Liebste durch Gewalttaten von im Rahmen der Flüchtlingsbewegung seit 2015 eingereisten Ausländern verprügelt, vergewaltigt und ermordet wurden.

Hätte Deutschland ein 9/11 erlebt, also einen Terroranschlag mit abertausenden Toten, würde die Abwägung zwischen Risiko-Inkaufnahme und Flüchtlingsaufnahme heute auch hierzulande womöglich anders diskutiert. Ein Teil der Bevölkerung tut das bereits.

Er spiegelt sich unter anderen in den an deutlich zweistelligen Prozentzahlen der Bevölkerung, die mittlerweile AfD wählen (96).

Die Abwehrargumente derer, die die Kriminalität von Zuwanderern herunterzuspielen versuchen, sind mitunter beinahe infantil. Oft hört man, dass Deutsche gleichfalls Straftaten begehen.

Wer wollte das bestreiten – nur macht es zusätzliche Straftaten durch Asylbewerber weder weniger schwerwiegend noch tolerierbar. Man muss schon sehr borniert und realitätsfremd sein, um nicht zu realisieren, welches Ausmaß das Problem 'Gewalt durch Zuwanderer' in Deutschland erreicht hat – auch wegen einer oft geradezu atemberaubenden Nachsicht der deutschen Justiz und Behörden.

Ich bin ein absoluter Gegner davon, Migranten unter Generalverdacht zu stellen, was sachlichen Kritikern der deutschen Flüchtlingspolitik wie mir leider regelmäßig unterstellt wird. Aber die Behauptung, dass die Flüchtlingskrise nicht zu wachsender Kriminalität führen würde, scheint kaum haltbar.

Es ist unverantwortlich, deutsche Bürger, die dies thematisieren, direkt in die rechte Ecke zu stellen.

Menschen, die mit Angst und Wut völlig natürlich auf Gräueltaten reagieren, die ihre Sorgen kundtun und auf Probleme hinweisen, wird vorgeworfen, sie wären rechtsradikal und würden über Flüchtlinge hetzen.

Diejenigen unter uns, die sich entsprechend verhalten, sollten sich fragen, ob nicht sie selbst diejenigen sind, die hetzen.

18

Manipulieren Medien und Politik durch ihre Informationspolitik die Bevölkerung?

Die Berichterstattung über drohende und tatsächliche Gewaltdelikte in Deutschland im Zusammenhang mit der Flüchtlingsbewegung ist allgegenwärtig.

Vereitelte Terroranschläge, Übergriffe auf Flüchtlinge, von Asylbewerbern begangene Gewaltverbrechen an deutschen Staatsbürgern, Auseinandersetzungen zwischen den Bewohnern in Flüchtlingsheimen – stets sind die Kamerateams schnell vor Ort, wenn es etwas rund um das Thema Flüchtlinge zu berichten gibt.

Die Informationspolitik von Medien und Bundesregierung trägt dabei nicht unwesentlich bei, wenn Volkes Seele in Zeiten wie diesen kocht.

Am 17.November 2015 wird das Fußball-Länderspiel zwischen Deutschland und den Niederlanden in Hannover wegen eines drohenden Sprengstoffanschlags im letzten Moment durch Thomas de Maiziere abgesagt.

Tausende Fans haben sich bereits im und um das Niedersachsen-Stadion versammelt, die, ohne sich an den Darbietungen der einheimischen Ballvirtuosen erfreuen zu dürfen, wieder den Heimweg antreten.

Der Bundesinnenminister berichtet zwar, wann und wo er die Warnungen, die zur Absage des Spiels geführt haben, erhalten habe. Den Inhalt dieser Warnungen, den konkreten Grund also, der zur Absage des Fußballspiels geführt hat, den nennt er nicht. Was hätte passieren können? Warum kam es erst eineinhalb Stunden vor dem Anpfiff zur Absage? Stattdessen bittet de Maizière die Öffentlichkeit "um einen Vertrauensvorschuss" in dieser "ernsten Lage". Und betont: "Ein Teil dieser Antworten könnte die Bevölkerung verunsichern. Natürlich gibt es Dinge, die Sicherheitsbehörden geheim halten müssen. Zumindest während einer laufenden Ermittlung. Wobei diese Begründung sicher auch gelegentlich als Ausrede dient. Möglicherweise mit der gut gemeinten Absicht: Wir wollen nicht, dass sich jemand Sorgen macht. Wir wollen verhindern, dass eine Panik ausbricht.

Trotzdem: der deutsche Innenminister erreicht mit seinem Verhalten genau das, was er angeblich verhindern will:

Er verunsichert die Bevölkerung. Auch, weil es nicht unbedingt für Vertrauen in die Arbeit der Polizei und der Geheimdienste beiträgt, jede Information zu verweigern (97).

Thomas de Maiziere hat sich klar positioniert: Über drohende oder im Vorfeld vereitelte Terroranschläge wird die Bevölkerung nicht in Kenntnis gesetzt, um sie nicht zu beunruhigen.

Der Gedanke liegt nahe, dass im Falle der Informationspolitik zu Kriminalitätsstatistiken seitens der Bundesregierung ähnlich verfahren wird.

So weiß ein Beamter des Landeskriminalamtes davon zu berichten, dass die Polizei Flüchtlingskriminalität bewusst herunterspielt – für den „zivilen Frieden". Er beklagt, dass auch Vorfälle in Flüchtlingsunterkünften bagatellisiert werden. „Es wird nicht gelogen, nichts vertuscht, aber es werden ganz bewusst Dinge weglassen", sagt er (98).

„Es gibt Anweisungen, unseren Interpretationsspielraum so zu nutzen, damit der zivile Frieden gewahrt bleibt", sagt Schwarz. Der Beamte beklagt, dass er Fälle herunterspielen und verharmlosen soll. Denn: Bei zu vielen schlechten Nachrichten könnte die Stimmung im Lande kippen.

Die Befürchtung: Rechte Schreihälse warteten nur auf Einzelfälle, um ihre Vorurteile bestätigt zu sehen. Lange hat Schwarz geschwiegen.

Jetzt hält er es für seine Pflicht zu sprechen.

Schwarz ist nicht sein richtiger Name. Zu seinem Schutz bleibt seine Identität geheim.

Einst habe Schwarz seinem Innenminister gegenübergesessen, sagt er. Es ging um die Vorarbeiten zur polizeilichen Kriminalitätsstatistik, um die Frage von auffälliger Straffälligkeit in und um Flüchtlingszentren. Man könne der Bevölkerung nicht zumuten, dass ein Ergebnis herauskomme, mit dem bestätigt werde, dass es eine Häufung von sexueller Gewalt, von schwerster Körperverletzung gebe. „Das wäre ein schlechtes Ergebnis", so hat Schwarz den obersten Dienstherrn verstanden. Deshalb würden Statistikfilter ein wenig anders gesetzt, manche Zahlen würden verspätet geliefert, es würde kaschiert, vertuscht und umbenannt. Im Polizeideutsch lässt sich manches verpacken, nicht falsch, aber eben auch ohne Ecken und Kanten. „Wir nutzen den Interpretationsspielraum so, dass der zivile Frieden gewahrt bleibt". Schwarz stürzt das häufig in enorme Gewissensbisse.

„Man muss seinen Ermessensspielraum so ausnutzen, dass man nicht lügt, aber die Sensationsgeier kein Trittbrett erhalten." Aber die kalte Wahrheit der Statistik werde geschönt (99).

Auch die Bochumer Polizistin Tania Kambouri behauptet, dass die Behörden, um keine Angst in der Bevölkerung zu schüren. Statistiken zur Flüchtlingskriminalität fälschen. Richtige Zahlen würden nicht veröffentlicht, weil sie "politisch nicht gewollt" seien, sagt Kambouri in einem Interview mit der Stuttgarter Zeitung. Die Polizistin aus dem Ruhrpott hat schon mit ihrem Buch "Deutschland im Blaulicht" für Furore gesorgt. Darin beklagt sie die angebliche Gewalt und Respektlosigkeit junger Muslime gegenüber Polizisten.

Wie nicht anders zu erwarten, bestreitet das BKA die Vorwürfe auf Anfrage der Rheinischen Post vehement. Im November 2015 veröffentlicht das Amt Statistiken, wonach es durch Asylbewerber und Flüchtlingen keinen überproportionalen Anstieg der Kriminalität gebe (100).

In Stuttgart tötet am 31.07.2019 der syrische Flüchtling Issa Mohammed auf offener Straße den Deutsch-Kasachen Wilhelm L. mit einem Schwert.

In vielen deutschen Medien, darunter die größten öffentlich-rechtlichen Fernsehsender ARD und ZDF, wird der tragische Vorfall bewusst ignoriert. Obwohl er in den sozialen Medien heftigst diskutiert wird.

Der Deutschlandfunk setzt dem Ganzen die Krone auf, in dem er das Statement „In den Nachrichten des Deutschlandfunks spielen einzelne Kriminalfälle nur selten eine Rolle.

Voraussetzung für die Berichterstattung ist eine bundesweite und gesamtgesellschaftliche Bedeutung" veröffentlicht (101).

Ist eine öffentliche Hinrichtung mit einem Schwert etwa gleichzusetzen mit einem Autodiebstahl oder einem Geldbörsenraub? Die „Einzelfall"-These dient all' jenen als Schutzschild, die Angst davor haben, das Ausmaß der Problematik anzuerkennen. Weltweit hingegen findet die Tat große Beachtung, bis hin zur Washington Post und New York Times, beides Blätter, die jeglicher rechter Tendenzen unverdächtig sind.

Trotzdem weigern sich Politik und eine nicht unbeträchtliche Anzahl Medienvertreter, Fälle wie den geschilderten einzelfallübergreifend zu diskutieren, anders, als dies bei rechtsextremen Gewalttaten regelmäßig geschieht.

Niemand käme in den Redaktionen auf die Idee, Taten mit fremdenfeindlichem, mit rechtsextremem Hintergrund als „Einzelfall" bzw. „Tat eines psychisch kranken" herunterzuspielen, zudem zu warnen, eine ganze Volksgruppe in Verruf zu bringen. Und denjenigen zu stigmatisieren, der auf den grundlegenden Charakter des Problems hinweist.

Es ist unverantwortlich, wenn Politiker und Medien hierzulande durch eine Nicht-Berichterstattung den Eindruck zu vermitteln versuchen, als würde ein nicht enden wollender Zuzug gerade von jungen Männern aus Gebieten, in denen viele von ihnen massiver Gewalt und Kriegserfahrung ausgesetzt waren und ganz anders sozialisiert wurden, insbesondere im Hinblick auf den Umgang mit Gewalt, mit Frauen, mit Minderheiten, kein Problem darstellen.

Zu Beginn der 'Flüchtlingskrise' im Jahr 2015 wurde er gar von manchen als 'Glücksfall' bezeichnet. Von einer möglichen Zunahme von Gewalt und Kriminalität infolge der Massenzuwanderung hingegen hörte man kaum etwas.

Nicht nur die brutalen Taten sind erschreckend - auch das Wegsehen, Verschweigen und Verharmlosen derer, denen die Verhinderung einer Wiederholung obliegt.

Eine demokratische Staatsform fußt auf dem Konzept, dass sich jeder seine eigene Meinung bilden kann. Doch dafür ist es unabdingbar, dass er die Fakten kennt.

Wer Kausalzusammenhänge negiert, Schwerstkriminalität tabuisiert und Vorfälle wie den geschilderten wieder und wieder als Einzelfälle deklariert, wie große Teile der Politiker und der Medien es tun, erschwert die Problemerkennung und -diagnose ebenso wie die Entwicklung entsprechender Lösungsansätze und hat damit eine Mitverantwortung dafür, dass der Status quo stagniert.

Die Beschöniger, Wegseher und Verschweiger tragen eine nicht unbedeutende Mitschuld an den Kontroversen in der Gesellschaft. Zudem liefern die Verdränger Wasser auf die Mühlen von Extremisten.

„Wer einmal lügt, dem glaubt man nicht, auch, wenn er dann die Wahrheit spricht". Wohl wahr.

Seitens der Medien und der Politiker bewusst manipulierte Informationen zur Flüchtlingsproblematik führen am Ende dazu, dass das Vertrauen der deutschen Bürger in den Staat weiter sinkt.

Und sie befördern auch die Gefahr, dass Migranten dann irgendwann wirklich unter Generalverdacht gestellt werden: Genau der droht eben nicht, wenn Ross und Reiter genannt werden.

19

Provoziert man in Deutschland die Gewalt zwischen Deutschen und Zuwanderern?

Viele Leser dieses Buches werden schon früh die Nase gerümpft haben, werden mein Werk (symbolisch) in die rechte Ecke gestellt und mich als Nazi identifiziert haben.

Warum? Weil ich zuvorderst Delikte VON Flüchtlingen und nicht etwa jene GEGEN diese erwähne. Dies hat seinen Grund. Ich widme mich in diesem Buch bewusst eher der einen Seite, weil, sicher nicht nur meinem Empfinden zufolge, in Kommentaren und Berichterstattung von Politikern und Medien ein gewisses Ungleichgewicht auffällt: Übergriffe auf Flüchtlinge, Gewalthandlungen gegen Flüchtlingsheime, sind tagelang das erste und beherrschende Thema in den Medien. Dutzende Kamerateams sind vor Ort, Politiker und Prominente bringen ihr Entsetzen über die Tat wiederholt und eindringlich zum Ausdruck. Mitfühlende Bürger halten Mahnwachen ab und ziehen durch die Straßen, der kollektive Aufschrei in unserem Land ist unüberhörbar.

Nun zum umgekehrten Fall: ein Asylsuchender begeht eine

schreckliche Straftat an einem deutschen Staatsbürger. Solch'
ein Vorfall genießt deutlich weniger mediale Aufmerksamkeit,
nur das Nötigste wird berichtet.

Ein derart gelagertes Delikt hat in den Nachrichtensendungen
nicht erste Priorität, hierüber berichtet man nicht mehrere
Tage, die Politiker sind in ihren Statements bezüglich der
Abscheulichkeit des Verbrechens deutlich moderater und
achten stets darauf, ihrem Ausdruck des Bedauerns
gebetsmühlenartig ein und denselben Nachsatz zuzufügen.
„Wir fühlen mit der Familie des Opfers - aber wir dürfen jetzt
nicht alle Flüchtlinge unter Generalverdacht stellen".

Wo bleibt der Nachsatz, bleibt das ABER im Falle von
Gewaltakten gegen Flüchtlinge: „ ...aber das heißt jetzt nicht,
dass wir Deutschen zunehmend ausländerfeindlich werden"?
Gehen Menschen dann für die Opfer der von Flüchtlingen
begangenen Verbrechen auf die Straße, wird dies nicht, wie im
umgekehrten Fall, etwa als Solidarität der Bevölkerung
geadelt, sondern verurteilt. Diese Nazis schon wieder!
Chemnitz lässt grüßen. Bitte nicht missverstehen: Von den
primitiven Sprüchen, die auf den Umzügen rechtsorientierter
Menschen größtenteils zum Besten gegeben werden,

distanziere ich mich ausdrücklich. Aber der Fakt als solcher bleibt bestehen. Sollte es nicht selbstverständlich sein, auch für die Opfer der Zuwanderer auf die Straße zu gehen? Wo sind die, die immer dann parat stehen, wenn es gilt, die Gewaltakte gegen Flüchtlinge anzuprangern, in solchen Situationen? Warum haben sie nicht auch jetzt das Bedürfnis, ihrer Empörung Ausdruck zu verleihen und warum werden jene Menschen, die dies tun, als rechtsradikal abgestempelt?

Auf Gewalt GEGEN Flüchtlinge reagieren Politik, Medien und ein Großteil der Bevölkerung deutlich sensibler als auf jene VON Zuwanderern. Die Politiker wirken wesentlich ergriffener, die Menschen in Deutschland diskutieren intensiver und prangern häufiger an, als in den Fällen, in denen der Flüchtling der „Bösewicht" ist.

Das bleibt dem Rest der Bevölkerung nicht verborgen. Und es schürt zusätzliche Aversionen gegen die, die gar nichts dafürkönnen – die Flüchtlinge. Mich ärgert dieses Ungleichgewicht lediglich. Bei ohnehin schon rechtsradikal angehauchten Bürgern unseres Landes jedoch trifft diese Empfindung auf fruchtbaren Boden und führt womöglich zu weiteren Gewalttaten gegen Zuwanderer. Sicher nicht allein, aber auch deswegen, weil Politik und Medien bisweilen das Gefühl vermitteln, die Straftaten unterschiedlich zu bewerten. Und dadurch, ob bewusst oder unbewusst, die ohnehin durch die Flüchtlingskrise dünnhäutige Bevölkerung provozieren.

Angesichts des fürchterlichen Attentats in Hanau, dem am 19.02.2020 neun Menschen mit Migrationshintergrund zum Opfer fallen, titelt die BILD in ihrem Bericht am 20.02.2020 „Deutschland weint um Euch!".

Einen Tag später ist dieser Bericht für den Chefredakteur Digital der BILD, Herrn Julian Reichelt, Anlass, in einem Kommentar die Frage zu stellen, ob die Menschen in Deutschland um die Opfer in Hanau so trauern, wie sie über Opfer mit „deutschen Namen, hellen Gesichtern und Haaren, blauen Augen" trauern würden. Und ob uns hierzulande „wirklich Tränen übers Gesicht wie nach den Amokläufen von Erfurt oder Winnenden" laufen (102).

In Anlehnung an das herrliche Interview mit dem damaligen Bayern-Trainer Giovanni Trapattoni vom 10.03.1998 („was erlauben Strrrunz?") sei es mir gestattet, zu fragen: Was erlauben Rrreichelt?

Da maßt sich doch tatsächlich ein BILD-Redakteur an, das Empfinden abermillioner Deutschen beurteilen zu können!

Vielleicht lebt Herr Reichelt ja im Osten unserer Republik. Ich kann mir durchaus vorstellen, dass man dort bisweilen auf solche Gedanken kommen kann. Im Rest unseres Landes jedoch, so denke ich, kann man nur schwerlich diesen Eindruck erlangen.

Im Raum Köln, soviel steht fest, bestimmt nicht. Da wird definitiv ausreichend um die ausländischen Terroropfer geweint, mehr sogar, so hat man manchmal den Eindruck, als um die Deutschen.

In jedem Fall hat Reichelts Kommentar nichts mit seriöser Berichterstattung zu tun, sondern ist übelste Agitation, nichts als bloße Polemik gegen Kritiker der deutschen Flüchtlingspolitik und alle, denen rechtsradikale Tendenzen unterstellt werden. Denn er setzt nicht nur noch einen, sondern gleich mehrere drauf. Indem er weitere rhetorische Fragen stellt, um weiter anzustacheln, weiter aufzuwiegeln.

„Wurde in den letzten zwei Tagen morgens beim Bäcker so fassungslos über Hanau gesprochen wie über islamistischen Terror?"

„War das Entsetzen am Kiosk beim Blick auf die Schlagzeilen ähnlich präsent, geradezu greifbar?"

„Sind Entsetzen, Scham und Selbstzweifel bei uns so groß wie sie sein sollten in einem Land, das bis heute den größten Massenmord aufarbeitet, den Rassisten in der Weltgeschichte je begangen haben?" (Gähn, siehe Kapitel 14...).

Der BILD-Mann schließt mit einer Forderung an das deutsche Volk. Da frage ich mich zuerst einmal, wie der gute Mann sich überhaupt in einer Position wähnen kann, eine solche auszusprechen, aber, nun gut...

„Nach einem Terroranschlag wie in Hanau ist jeder in Deutschland verpflichtet, sich zu fragen: Trauere ich um Bilal, wie ich um Benedikt oder Britta getrauert hätte?"

Meint der Mann das ernst? Eine Verpflichtung zur Trauer – dazu noch bitteschön in einer gewissen Größenordnung und bloß nicht weniger?

Der Kommentar von Julian Reichelt ist reine Stimmungsmache, bloße Hetze. Ohne jedweden fundierten Hintergrund, lediglich aufgrund einer persönlichen Empfindung, haut der gute Mann wieder und wieder in dieselbe Kerbe. Völlig haltlos seine Vermutung. Aber bestens dazu geeignet, die Bevölkerung gegeneinander aufzubringen. Jene, die meinen, man müsse mehr trauern und jene, die, wie ich, der Ansicht sind, dass eine solche Behauptung in der Sache unbegründet, zudem schlicht und ergreifend unverschämt ist. Vielleicht hat Herr Reichelt sogar einen Beitrag dazu geleistet, einige durchaus friedlich gesinnte Zuwanderer nach Rache für die Opfer von Hanau sinnen zu lassen und somit weitere Gewalttaten zu provozieren.

Stellen Sie sich bloß einmal vor, die Frage würde andersherum gestellt – trauern wir um Erwin so, wie um Hüzeyfe? Flugs wäre man wieder als Nazi abgestempelt. Und würde die Rechtsextremen auf den Plan rufen. Weitere Anschläge vorprogrammiert.

Glück nur, dass wohl kaum eine der größeren Tageszeitungen bereit wäre, DIESE Frage zu publizieren.

Ist nicht jedes Gewaltopfer, dass die Flüchtlingspolitik hervorbringt, eines zu viel? Unabhängig davon, ob es sich um einen Einheimischen oder einen Zuwanderer handelt?

Es kann kein Zweifel daran bestehen, dass Bluttaten wie die in Hanau verabscheuungswürdig und aufs Schärfste zu verurteilen sind. Sie machen auch mich einfach nur fassungslos und zutiefst betroffen.

Nur sollten in gleichem Umfang und mit gleicher emotionaler Intensität auch von Asylsuchenden begangene Straftaten journalistisch aufgearbeitet werden.

Sollte, wenn es denn nun einmal sein muss, dann auch nach solchen Gewalttaten das „Weinverhalten" der deutschen Bevölkerung sensibel analysiert werden.

Das Eine zu dramatisieren, das Andere hingegen, wo immer es geht, zu tabuisieren, führt nur dazu, dass die Kluft in der Bevölkerung zwischen Willkommenskulturlern und Willkommenskritikern stetig größer wird.

Wo bleibt hier die Political Correctness, wird sie in unserem Land nicht mitunter völlig falsch verstanden und interpretiert?

Die ARD-Produktion „Babylon Berlin" spielt im Berlin des Jahres 1929. Sie entwirft ein beeindruckendes Panorama von den „goldenen Zwanzigern". Von der Mode, dem Hedonismus und den glamourösen Partys jener Epoche. Aber auch von den wirtschaftlichen Problemen, der bitteren Armut, von den harten politischen Auseinandersetzungen, die auf den Straßen der deutschen Hauptstadt toben.

Denn der noch jungen Weimarer Republik geht es nicht gut, die Inflation steigt, organisiertes Verbrechen wird zu einem Problem. Eine gefährliche Mischung, die Bürger sehnen sich nach einem Umbruch. So erstarken und zunehmend die extrem rechten und linken Organisationen. Das Scheitern der Weimarer Republik zeichnet sich ab (103).

Bei der Reichstagswahl im September 1930 gewinnen die Parteien hinzu, die das Ende der Demokratie wollen – entweder von links oder von rechts. Die KPD kommt auf 13,1%, die NSDAP auf 18,3%. 1928 kam Hitlers Partei noch auf kümmerliche 2,6 Prozent. Der Sprung ist enorm, er wird noch größer (104).

Unser Land gerät zunehmend aus den Fugen, die Lage erinnert in gewisser Weise an die Destabilisierung in den 20er Jahren des letzten Jahrhunderts, die schlussendlich in den Zweiten Weltkrieg mündete.

Damals wie heute nutzen politische Kräfte die Krise, um zu zeigen, dass das Regime nicht wirklich funktioniert. Und dass es zunehmend Bürgerinnen und Bürger gibt, die der Ansicht sind, in Ermangelung einer konsequenten politischen Führung selbst für ihre Belange aktiv werden zu müssen. Nicht wenige fatalerweise mit Gewalt.

Der Aufstieg der AfD erinnert auffallend an den der Nationalsozialisten. Und die latente Fremdenfeindlichkeit in unserem Land an das Klima der 20er Jahre.

Man hat das Gefühl, "Rechtssein" ist wieder gesellschaftsfähig geworden, so wie das Ende der 20er-Jahre der Fall war.

Von Ostdeutschland vielleicht einmal abgesehen, haben wir (noch?) nicht in ähnlicher Weise Sympathien und Unterstützung für die Rechten in Regierung und Opposition.

Aber Politik und Medien müssen in viel stärkerem Maße dafür Sorge tragen, dass dies auch so bleibt. Das Erreichen sie sicherlich nicht durch geistige Ergüsse wie die, zu denen sich Herr Reichelt berufen fühlt. Derartige Provokationen, egal, gegen welche Seite sie sich richten, sind bestens dazu geeignet, die Fronten zwischen den Menschen hierzulande, die ohnehin schon beängstigende Ausmaße angenommen haben, noch zu verhärten.

Und daran ist nicht nur die unstrittige Hetze der AfD Schuld. Sondern auch die Politik der anderen Parteien, die viel zu viel haben durchgehen lassen und der Bevölkerung kein Gefühl des Schutzes vor Rechtsextremen wie vor kriminellen Zuwanderern vermitteln können.

Und Medienvertreter wie Herr Reichelt, die sich daran machen, völlig ohne Not die Bevölkerung gegeneinander aufzubringen.

Krisen haben ohnehin die Tendenz, eine Gesellschaft zu provozieren und zu spalten. Kann es wirklich sein, dass man in einem hoch entwickelten Land wie dem unseren aus exponierter Position diese Entwicklung noch wissentlich befeuert?

20

Ist der politische Schein wichtiger als die
Integration der Zuwanderer?

Die hygienischen Bedingungen in Flüchtlingsheimen sind oft

Gegenstand von Diskussionen. Fakt ist zunächst einmal: Wenn

die Flüchtlinge dort einziehen, ist alles sauber und ordentlich.

Innerhalb kürzester Zeit schaffen es die Bewohner dann

allerdings bisweilen, die Unterkunft in einen Saustall zu

verwandeln.

In den Duschen und Waschbecken wird schon mal die

Notdurft verrichtet, der Rohrreinigungsdienst ist Dauergast,

wie man hier und da liest. Zudem werden rotglühende

Herdplatten gerne zum Heizen des Raumes verwendet. Strom

kostet ja nichts in Deutschland und außerdem zahlt es ja

jemand anderer. Es wird behauptet, dass diesbezügliche

Nachrichten und Bilder kaum einmal nach draußen dringen,

weil die Obrigkeit dafür Sorge trägt. Sickert doch einmal etwas

durch, werden die unhaltbaren Zustände beklagt, die Presse

ist schnell dabei, irgendwelche Verantwortliche zu benennen,

selbstredend nicht die Flüchtlinge, und aus Steuergeldern

wird saniert. Der Putzdienst, finanziert vom Gastland, räumt wieder auf, staatlich finanzierte Klempner und Elektriker erledigen den Rest (105).

Flüchtlinge schwärmen nun seltener von „Mama Merkel", wenn sie mit der Realität im Heim konfrontiert sind. „This place is disgusting." Sätze wie diesen hört man öfter in Asylheimen.

Ein afghanischer Flüchtling berichtet aus einer Flüchtlingsunterkunft erschreckendes.

Die Küchen, Bäder und Toiletten sind unvorstellbar verdreckt. Es gibt zwar Reinigungspersonal, das täglich kommt, aber die Räumlichkeiten sind eben für die Allgemeinheit und die meisten Mitbewohner scheinen nicht in der Lage, sie angemessen zu nutzen. Obwohl es Anleitungen und Bilder gibt, die zeigen, wie die Küche sauber zu halten ist, hinterlässt das Gros Bewohner Herde und Öfen verdreckt. Ärgerlich ist auch, dass viele nach dem Backen die Ofenbleche einfach mit in ihre Zimmer nehmen.

Der Zustand der Toiletten und Bäder ist auch ein Grund zur Sorge. Will man eine der Toiletten benutzen, muss man sie erst einmal mit einem Berg von Klopapier reinigen, dermaßen verdreckt sind sie. Die meisten Bewohner benutzen sie nicht richtig. Sie hocken sich mit ihren Füßen auf die Klobrille und verwenden anstatt des Toilettenpapiers Wasser – der Fußboden ist anschließend überschwemmt mit Schmutzwasser.

Wie in den Küchen hängen auch an den Toilettenwänden Bilder, die zeigen, wie die Sanitäranlagen zu nutzen sind. Nur interessiert sich kaum jemand dafür. Auch die Duschen sind oft unbenutzbar. Die Bewohner rasieren sich dort und schneiden sich die Haare. Reinigen tun sie nicht, alles bleibt liegen.

Das Gros derer, die sich hier aufhalten, weiß überhaupt nicht, wie man an Orten wie diesem mit anderen Menschen zusammenlebt, geschweige denn, wie man ihnen mit Respekt begegnet, weiß der gute Mann zu berichten (106).

Als ich diesen Artikel lese, befällt mich zunächst leichter Zorn: In den Flüchtlingsheimen wohnen überwiegend kerngesunde junge Menschen. Diese haben offenbar bisweilen nicht ausreichend Verantwortungsgefühl, den Wohnraum, der ihnen zum Schutz gewährt wurde, entsprechend wertzuschätzen, um für die Sauberkeit ihrer Unterkunft zu sorgen. Asylbewerbern, die oft den ganzen Tag nichts zu tun haben, kann man durchaus zumuten, ihren eigenen Dreck zu beseitigen, wie auch für Ordnung in den ihnen zur Verfügung gestellten Räumlichkeiten zu sorgen. Genauso, wie dies jedem deutschen Steuerzahler auch obliegt.

Noch einmal zur Erinnerung: Es handelt sich um Asylbewerber, denen wir in unserem Land Schutz gewähren. Allein darum wissend sollten sie sich schon verpflichtet fühlen, ihre „Schutzräume" in jenem sauberen und ordentlichen Zustand zu belassen, in dem sie sie vorgefunden haben.

Dem leichten Zorn folgt schnell fassungsloses Unverständnis. Was war das denn? „Reinigungspersonal, das täglich kommt?!". Flüchtlingsunterkünfte werden (manchmal?) durch vom Staat, von uns Steuerzahlern bezahlte Reinigungs-kräfte, gesäubert?

Ich mag es kaum glauben. Muss ich aber kurze Zeit später angesichts folgender Nachricht dann doch: Bewohner des Flüchtlingsheims in Burbach scheinen sich über den Besuch von Kamerateams regelrecht zu freuen.

Warum? Weil sie in erstaunlicher Art und Weise von der öffentlichen Aufmerksamkeit profitieren. In den Fluren des ehemaligen Kasernengebäudes laufen auffallend viele Putzfrauen herum. Als der Chef der NRW-CDU, Armin Laschet, anlässlich eines Besuchs von einem Reporter gefragt wird, ob denn für ihn geputzt wurde, lächelt der Politiker vielsagend. Putzen für die Presse? Das kann doch nun wirklich nicht wahr sein. Ist es aber anscheinend doch, da einer der wenigen englischsprechenden Männer des Heimes bestätigt: „Sonst werden hier die Toiletten drei Tage lang nicht geputzt" (107).

Da geht einem wirklich der Hut hoch.

Wenn ein hochrangiger Politiker das Wirken von aus Steuergeldern bezahlten Putzkolonnen in Flüchtlingsheimen gutheißt, kommt das einem Offenbarungseid, einem Staatsversagen in der Flüchtlingspolitik, gleich.

Offenbar ist es nicht gelungen, unsere neuen Mitbürger zu disziplinieren. Anstatt ihnen unmissverständlich klarzumachen, dass sie die Räumlichkeiten, die Ihnen zur Schutzgewährung überlassen werden, zu pflegen und zu reinigen haben, werden kurz vor dem Besuch eines Fernsehteams die Mängel notdürftig durch bezahltes Personal von außen kaschiert. Kaum zu glauben!

Wie viele alte, wie viele gebrechliche Menschen in unserem Land könnten Hilfe im Alltag gebrauchen? Frau Müller, Meier und Schmitz können ja auch niemand bestellen, wenn Ihr Liebster stehendpinkelnd neben die Toilette uriniert oder der Hund Durchfall hat und seine Notdurft in der Wohnung verrichtet.

Allein der Gedanke, Putzkolonnen in Flüchtlingsheime zu schicken, ist geradezu absurd. Dass sich der Teil der Bevölkerung, der noch nicht der Willkommenseuphorie verfallen ist, maßlos über ein Prozedere wie dieses aufregt, ist mehr als verständlich. Und hat nun so absolut gar nichts mit Fremdenfeindlichkeit zu tun.

Offenbar ist es wichtiger, den Schein nach außen zu wahren, zu demonstrieren, wie gut unsere Flüchtlingsheime funktionieren, als sich den im Rahmen der Willkommens-kultur durch Zuwanderer importierten Problemen zu stellen und sie konstruktiv anzugehen.

Der politische Schein steht offensichtlich über der Disziplinierung der neuen Mitbürger.

Ich habe Herrn Laschet für einen der fähigsten Köpfe in der Riege unserer Spitzenpolitiker gehalten. Ihm sogar das

Kanzleramt zugetraut. Hier hat er sich selbst disqualifiziert.

Ein Schritt in die richtige Richtung gelang den politisch Verantwortlichen im Rems-Murr-Kreis.

Seit Oktober 2016 stellen dort Sozialarbeiter in allen Unterkünften regelmäßig Putzpläne auf und pochen darauf, dass die Bewohner sich daranhalten. Leistungsempfänger sind zur Mitarbeit verpflichtet. Wer sich wiederholt weigert, erhält weniger Geld. Um maximal 20 Prozent hat das Landratsamt bisher Leistungen gekürzt. Aber nur „in verschwindend geringer Zahl. Meist reicht es, die Sanktion anzudrohen. Bevor die Behörde weniger Geld überweist, kann sie einen putzunwilligen Asylbewerber zu gemeinnützigen Tätigkeiten heranziehen – etwa zu Reinigungsarbeiten. Dem geht ein ordentlicher Verwaltungsakt voraus, und in diesem Fall erhält der Betreffende symbolisch 80 Cent pro Stunde, so sieht das Asylbewerberleistungsgesetz es vor (108).

Viele der Neuankömmlinge haben eine andere Auffassung von Ordnung und Sauberkeit als wir. Und es ist nicht etwa geboten, diese zu akzeptieren, sondern sie mit aller Konsequenz zu korrigieren.

Wer in unserem Land und auf unsere Kosten leben will, muss sich, auch in puncto Hygiene und Sauberkeit, unserem Standard anpassen. Nur dann ist das Gros der Bevölkerung bereit, die neuen Mitbürger nicht nur zu dulden, sondern auch zu akzeptieren. Und das ist langfristig zweifelsohne unabdingbare Voraussetzung, um der nicht enden wollenden Flüchtlingsströme Herr zu werden und die neuen Mitbürger in Deutschland bestmöglich zu integrieren.

21

Ist die AfD eine echte Alternative für politisch gemäßigte Wähler?

Völlig willkürliche Übergriffe ausländischer Mitbürger, eine Verharmlosung der Flüchtlingskriminalität, Politiker, die Putzkolonnen in Flüchtlingsheime schicken – da kommt man als politisch interessierter Mensch irgendwann unweigerlich an den Punkt, sich gedanklich mit der Partei zu befassen, die erst am 6.Februar 2013 das Licht der politischen Welt erblickte, bei der letzten Bundestagswahl 2017 bereits stolze 12,6% der Wählerstimmen auf sich vereinte, und, so wie es aktuell aussieht, dieses Ergebnis 2021 wohl noch deutlich steigern wird. Mit der AfD.

Ich weiß, dass einige Leser an diesem Punkt unmittelbar ein Hakenkreuz auf mein Buch machen oder es umgehend in den Papierkorb befördern. Egal, da muss ich durch.

Im Deutschland unserer Zeit darf man sich nicht einmal mehr neutral mit dem Gedankengut und der Politik der AfD auseinandersetzen, will man nicht als rechtsradikal gelten. Traurig.

Denn man muss sich keinesfalls dafür schämen, sich sachlich mit dem politischen Programm der noch jungen Partei auseinanderzusetzen.

Ebenso wenig dafür, den ein' oder anderen Gedanken der Alternative für Deutschland durchaus nachvollziehen zu können. Niemand ist nur schlecht, das gilt auch für Parteien. Sich mit der AfD gedanklich zu befassen, macht aus einem politisch denkenden Menschen noch lange keinen Rassisten, auch, wenn ein Großteil unserer Bevölkerung das sicherlich anders sieht.

Schauen wir uns das Wahlprogramm der AfD anlässlich der Europawahl anno 2019 doch einmal etwas genauer an.

In puncto Umwelt & Klima zweifelt die AfD den menschengemachten Klimawandel an und hält eine Klimaschutzpolitik daher für überflüssig. Sie verknappe "ohne jede Not" den Zugang aller Menschen zu billiger Energie.

Was die Wirtschaft betrifft, sieht die AfD den Euro als gescheitert an. Der Währungsraum mit 19 "völlig unterschiedlich leistungsfähigen Volkswirtschaften" sei eine Fehlkonstruktion. Deutschland solle die D-Mark wieder einführen.

EU-Steuern lehnt die AfD ab, ebenso eine CO2-Steuer. Zudem soll es keine Steuern auf Finanzgeschäfte und keine gemeinsamen Unternehmenssteuern geben. Die AfD will keine europäische Bankenaufsicht, sondern ausschließlich eine nationale Kontrolle.

Die Partei will auf einen Energiemix aus Kohle, Mineralöl, Erdgas, Wasserkraft und Kernkraft setzen. Kraftwerke sollten so lange am Netz bleiben, wie es für die Betreiber lukrativ ist. Um fossile Energieträger zu reduzieren, soll die Atomkraft wieder forciert werden.

Ich bin weit davon entfernt, Experte in den Themen Wirtschaft sowie Umwelt- und Energiepolitik zu sein, die hier auch nur am Rande diskutiert werden sollen.

In vielen Bereichen jedoch erscheinen auch mir als durchschnittlich informiertem Bürger die Argumente der Partei auffallend fragwürdig und die Forderungen der AfD eher unrealistisch, weil kaum praktikabel.
Keine europäische Bankenaufsicht, den Klimawandel losgelöst vom menschlichen Wirken auf dieser Erde betrachten, Forcierung der Atomkraft – na ja...
Es hat wirklich den Anschein, dass die Partei politische

Belange jenseits der Ausländerproblematik nur peripher tangieren.

Kommen wir nun zu den Themen, die die Partei besonders (oder doch allein?) interessieren.

Die AfD positioniert sich insbesondere beim Thema Migration. Die Partei will die "Masseneinwanderung" unterbinden, um verlässliche soziale Absicherung für Arbeitslose und Geringverdiener zu garantieren. Zuwanderung in den Arbeitsmarkt sowie Arbeitnehmermobilität innerhalb Europas sollen sich an den nationalen Arbeitsmärkten orientieren.

Weniger offen sollen die Sozialleistungen innerhalb Europas verteilt werden. Geht es nach der AfD, braucht es keine europäischen sozialen Sicherungssysteme, da dies zur Absenkung von Sozialstandards führe. Auch eine europäische Arbeitslosenversicherung lehnt die Partei ab. Braucht ein EU-Ausländer staatliche Unterstützung, soll das Herkunftsland zuständig sein. Asylbewerber – ob im Verfahren, abgelehnt oder anerkannt mit vorläufigem Bleiberecht – sollen ausschließlich Sachleistungen bekommen.

Die Partei fordert einen grundsätzlichen Paradigmenwechsel in der Asylpolitik.

Sie behauptet, eine weitere Zuwanderung würde die einheimische Bevölkerung an den Rand drängen, der Islam bedrohe die freiheitliche Demokratie. Sie fordert deshalb, Einwanderung strikt zu begrenzen und zu steuern. Wie, das sollen die nationalen Parlamente entscheiden. Die Partei will den Austritt aus dem UN-Migrationspakt und dem UN-Flüchtlingspakt.

Flüchtlinge aus Italien und Griechenland sollen nicht von Deutschland übernommen werden, Deutschland soll auch syrische Kriegsflüchtlinge unverzüglich zurückschicken, unbedacht der derzeitigen Lage dort. Seenotrettung – für die AfD ist es das Gleiche wie Schleuserkriminalität – soll zu einer schweren Straftat erklärt werden. Neben dem Schutz der EU-Außengrenze soll es im Sinne der AfD auch nationale Grenzkontrollen geben, um Kriminalität und Terrorismus besser bekämpfen zu können: Das Schengen-Abkommen sei zu reformieren. Denn für die AfD ist die innere Sicherheit vielerorts nicht mehr gegeben.

Migranten seien über-proportional häufig kriminell. Zurückweisung solcher Personen sei nur durch Grenzschutz möglich.

Der Islam ist nach Meinung der AfD grundsätzlich nicht mit der europäischen Kultur vereinbar. Nur eine Minderheit der Muslime sei säkular eingestellt und voll integriert. Die Partei bekennt sich zwar zur Glaubensfreiheit, will ihr aber Grenzen setzen, wo die religiöse Praxis Grundrechte verletze. Finanzierung von Moscheen aus dem Ausland soll verboten werden, ebenso wie Minarette und der Muezzin-Ruf, öffentliche Freitagsgebete, Burka und Nikab.

Die Loslösung von der EU zieht sich wie ein roter Faden durch das Parteiprogramm der AfD. Was die Zukunft der Europäischen Union betrifft, so soll diese für die AfD zu einem "Europa der Vaterländer" werden, Die Idee der "Vereinigten Staaten von Europa" lehnt die Partei grundsätzlich ab. Das EU-Parlament will die AfD abschaffen, weil es undemokratisch sei – warum erläutert die Partei allerdings nicht. Stattdessen präferiert sie zwischenstaatliche Kooperationen und multilaterale Staatsverträge.

Die AfD will auch keine gemeinsame Außenpolitik der EU, diese soll in der jeweiligen Verantwortung der Mitgliedsstaaten liegen. Mit den USA strebt die Partei eine ausgewogene Zusammenarbeit an, ebenso mit Russland; sie ist für einen Abbruch der EU-Beitrittsverhandlungen mit der Türkei – allerdings nicht aus politischen, sondern aus kulturellen Gründen.

Gauland, Weigel & Co. sind gegen eine EU-Armee. Für die Verteidigung Europas sei die Nato zuständig. Die AfD steht zur deutschen Rüstungsindustrie, Waffenexporte in Krisenregionen oder an Willkürregime lehnt die Partei allerdings ab. Keine Entwicklungshilfe für korrupte Staaten und Staaten mit Misswirtschaft – womit wohl ein großer Teil Afrikas ausgeschlossen wäre... Humanitäre Hilfe sei Aufgabe von Kirchen und Wohltätigkeitsorganisationen (109).

In Ihrem „Spezialgebiet" formuliert die AfD durchaus Gedanken, die ich nachvollziehen kann, die im Kern vielleicht mit dem übereinstimmen, was ich mir unter einer zielführenden Außen- und Asylpolitik vorstelle.

Neben dem Schutz der EU-Außengrenze auch nationale Grenzkontrollen, um Kriminalität und Terrorismus besser bekämpfen zu können - ja, wenn man die importierten Straf- und Gewalttaten nicht anders in den Griff bekommt.

Braucht ein EU-Ausländer staatliche Unterstützung, soll zunächst das Herkunftsland zuständig sein – wenn dieses Unterstützung leisten kann, selbstredend.

Keine Waffenexporte in Krisenregionen oder an Willkür-regime – sollte selbstverständlich sein.

Die Einwanderung strikt begrenzen und steuern – nur so scheint ein geordneter Zuzug und die Identifikation wirklich Schutzsuchender möglich.

Eine Glaubensfreiheit, der durchaus Grenzen gesetzt werden sollten – was die Praktiken vieler Salafisten betrifft: absolut überfällig.

Abbruch der EU-Beitrittsverhandlungen mit der Türkei – angesichts der immer wiederkehrenden Menschenrechts-verletzungen am Bosporus aktuell alternativlos.

Allerdings verfolgt die AfD auch in „ihrem" Thema zum Teil geradezu hanebüchene Gedanken. Keine Entwicklungshilfe für Staaten mit Misswirtschaft, Seenotrettung als schwere Straftat, das Eintreten für die Loslösung von der EU, ohne konkrete Pläne, wie diese umzusetzen ist - die Kommentare zu diesen Programmpunkten spare ich mir, die Postulate sprechen für sich selbst.

Auch, wenn die Partei, was andere politische Themen betrifft, bisweilen kaum realistische und nur wenig praktikable Lösungen anbietet - was man der AfD nicht absprechen kann:

Sie scheint sich im Gegensatz zu den Konkurrenzparteien vehement für den Schutz der einheimischen Bürger einzusetzen. (Nicht nur), wer wie ich schon einmal zum Beinaheopfer eines Zuwanderers geworden ist, empfindet für diesen Denkansatz durchaus Sympathie.

Und so erkundige ich mich telefonisch beim Landesverband AfD NRW genauer über die politische Strategie der Partei. Als ich anmerke, dass mir einige Gedanken des Parteiprogramms durchaus sympathisch sind, begibt sich mein Gesprächspartner unmittelbar daran, meinen Aufnahmeantrag vorzubereiten. Während er dies tut, bemerke ich „so nebenbei", dass ich mich vom Gedankengut des thüringischen Fraktionsvorsitzenden Björn Höcke ausdrücklich distanziere. Dies hat zur Folge hat, dass die Stimmung im Gespräch unmittelbar kippt. Statt eines verständnisvollen „das kann ich nachvollziehen" verteidigt mein Gesprächspartner den in Hessen beamteten Gymnasiallehrer.

„Herr Höcke hat nur eine etwas seltsame Art, seine Meinung zu vermitteln", „der meint das nicht so". Mein Informationsbedarf ist gedeckt.

Offenbar ist man auch im AfD-Landesverband NRW dem Gedankengut Björn Höckes durchaus zugetan und gehört nicht, wie von mir vermutet, zum gemäßigten AfD-Flügel.

Und so habe ich direkt zwei Probleme mit der AfD: Die zum Teil haarsträubenden Gedanken im Parteiprogramm und die handelnden Personen, diejenigen, die die Partei nach außen hin repräsentieren.

Wenn ich Herrn Höcke, bei dem man zu seinen Gunsten annehmen muss, dass er manchmal selbst nicht weiß, was er für ein wirres Zeug schwadroniert, zuhöre, komme ich aus dem Kopfschütteln nicht mehr heraus.

Sobald ich das stets grimmige Gesicht von Frau Weigel, deren latente Aggressivität nur schwer zu ertragen ist, sehe, bekomme ich Bauchschmerzen.

Und die provokant-nationalistischen Töne von Alexander Gauland, seines Zeichens einer von zwei Fraktionsvorsitzenden der Bundestagsfraktion seiner Partei, sind auf Dauer auch nur schwer zu ertragen.

Trotz einiger Programmpunkte, in denen ich der AfD durchaus zustimme: Die Alternative für Deutschland – für mich ist sie aktuell keine.

22

Sollte Religionsfreiheit nicht ihre Grenzen haben?

Der unüberschaubare Zustrom von Flüchtlingen, der seit Beginn der Flüchtlingskrise unser Land bevölkert, führte dazu, dass es nicht mehr möglich war, zu prüfen, wer wirklich aus Kriegsgebieten kam und berechtigt war, als Flüchtling anerkannt zu werden. Viele radikale Islamisten haben die daraus resultierende Chance genutzt, in der Hoffnung, dass sie infolge dieser großen Anzahl Schutz suchender Menschen bei der Einreise nicht gründlich kontrolliert werden. Leider hat sich diese Hoffnung erfüllt.

Der Salafismus in Deutschland ist, laut Einschätzung des Bundesamtes für Verfassungsschutz, die gegenwärtig dynamischste islamistische Bewegung in Deutschland. Es handelt sich dabei um eine Richtung innerhalb des politischen Islams, die die gewalttätigen Aspekte aus der Gründungszeit der Religion in den Vordergrund stellt. Die Verfassungs-schutzbehörden kategorisieren den Salafismus als gefährliche und extremistische Ideologie, die versucht, durch intensive Propagandatätigkeit in Form der Daʿwa (Ruf zum Islam / zur

Missionierung) die deutsche Gesellschaft entsprechend ihren Vorschriften zu missionieren und islamisieren.

Laut „Der Tagesspiegel" stellt der Verfassungsschutz 2019 bei dem radikalsten, größten und in Teilen gewaltorientierten Islamistenmilieu bundesweit einen Anstieg um 850 Personen auf 12.150 fest – das entspricht einem Anstieg um 7 % gegenüber dem Vorjahr (110).

Verbreitet wird der Salafismus in Deutschland vor allem durch sogenannte „Imame" (arabisch إمام „ Vorbeter, (An-)Führer, Meister).

In der klassisch-islamischen Staatstheorie bezeichnet der Imam das religiös-politische Oberhaupt der islamischen Gemeinschaft in Nachfolge des Propheten und Religions-stifters Mohammed. Daneben wird auch der Vorbeter beim Ritualgebet Imam genannt. Schließlich wird der Begriff als Ehrentitel für herausragende muslimische Gelehrte und Persönlichkeiten verwendet (111).

Imame werden in Deutschland oft auch als „Hassprediger" bezeichnet, weil sie bisweilen zu Feindschaft und Hass aufstacheln oder direkt zu Gewalttaten aufrufen und dabei in ihren Reden oder Schriften aufwiegelnde und hetzerische Rhetorik verwenden (112).

Gerade im Kontext der extremen Flüchtlingszuströme seit 2015 haben Imame in Deutschland an Bedeutung gewonnen. Kommen doch zunehmend mehr, vornehmlich junge Menschen muslimischen Glaubens in unser Land - „Kundschaft" wie gemacht für die Imame. Das versuchen auch radikale Imame auszunutzen, die ihre Ansichten zunehmend in Deutschland verbreiten.

Der „Tagesschau"-Journalist Constantin Schreiber hört sich monatelang Freitagspredigten in deutschen Moscheen an. Er versteht vieles, denn er spricht Arabisch.

Immer geht es in den Predigten um „Wir, die Muslime, und die anderen, die Christen, die Ungläubigen", so der ARD-Mann. Es ist die Rede von „Deutschland will dich auslöschen", auch gibt es ganz konkret Hetze gegen Juden und Yesiden.

Schreiber gelangt zu der Ansicht, dass man sich in den Moscheen sehr wohl bewusst ist, dass man unter Umständen beobachtet wird. Das schlägt sich auch in den Predigten nieder, in denen häufig noch so eben die Kurve gekriegt wird, um einer strafrechtlichen Verfolgung zu entgehen.

Es wird nicht offen zu Gewalt aufgerufen, zum Dschihad, man bewegt sich gekonnt um die roten Linien, die man nicht überschreiten darf, herum (113).

Recherchen des ZDF-Dokumentations- und Reportageformats „ZDFzoom" aus dem Jahr 2018 untermauern diese Tatsache. Verdeckt arbeitende Journalisten können belegen, dass in hunderten Moscheen in Deutschland Imame zu Hass und Hetze gegen dieses Land und die Menschen, „die hier schon länger leben" (Bundeskanzlerin Angela Merkel über die Deutschen), gegen die „ungläubige" Mehrheitsgesellschaft aufrufen, die den Staatsanwalt auf den Plan rufen müsste.

In mehrere Gotteshäuser schleusen die Reporter Besucher ein, die unter anderem sechs Monate lang den Predigten der Imame lauschen und heimlich Videoaufnahmen anfertigen.

„Möge Allah sie vernichten, allesamt. Sie sind unter unseren Füßen, diese Schmutzigen, weil sie Islamhasser sind", zeigen Videoaufnahmen den Prediger Abul Baraa.

Gewaltbereite Imame sind nicht dumm, sie rufen nicht direkt zu Gewalttaten auf. Vielmehr verbreiten sie ihre Botschaften auf subtilere Art und Weise. Wer sagt ‚Tötet die Ungläubigen', landet im Gefängnis. Wer aber nur zum Hass aufruft und jemand anderes mordet, der ist nicht mehr verantwortlich.

So bleiben Moscheen, in denen solche Hetze betrieben wird, geöffnet und Prediger, die hasserfüllte Botschaften vermitteln, unbehelligt.

Denn der Verfassungsschutz ist oft machtlos. Der beobachtet mittlerweile eine Vielzahl radikaler Moscheen in Deutschland, etwa in Berlin oder Nordrhein-Westfalen. Die Vereine hinter diesen Moscheen stehen unter Verdacht, gegen „Ungläubige", sogenannte „Kuffar", zu hetzen und Muslime zu radikalisieren.

Um allerdings den Straftatbestand der Volksverhetzung zu erfüllen, müssten Hassprediger konkret zu Gewalttaten aufrufen. Weil der Imam aber von Allah spricht, der „Ungläubige" bestrafen soll, befindet er sich mit seinen Aussagen in einer juristischen Grauzone, die ein Tätigwerden der Behörden erschwert. Die rechtlichen Hürden für ein Strafverfahren sind äußerst hoch. So werden selbst Moscheen, die jahrelang im Fokus der Ermittler stehen, ganz selten geschlossen und nur in Ausnahmefällen Hassprediger aus dem Verkehr gezogen. In Deutschland wurden bislang nur wenige Moscheevereine verboten, auch, weil es schwierig ist, nachzuweisen, dass nicht nur einzelne Prediger, sondern der komplette Verein hinter den radikalen Botschaften steckt.

Hinzu kommt: Nicht alles, was als Hasspredigt wahrgenommen würde, könne auch strafrechtlich verfolgt werden, sagen Verfassungsschützer. Das heißt: Viele der Aussagen sind von der Meinungsfreiheit gedeckt, dem Verfassungsschutz sind in den meisten Fällen also die Hände gebunden. Hassprediger sind deshalb so gefährlich, weil sie genau wissen, wie man eine Strafe umgeht.

Bis islamistische Prediger und radikale Moscheen konsequent strafrechtlich verfolgt werden, können Hetzer weiter Hass verbreiten und zur Spaltung der Gesellschaft beitragen. Denn rechtspopulistische Parteien und rechtsextreme Gruppierungen nutzen diese Prediger für ihre islamfeindliche Propaganda. Darunter leiden vor allem die mehrheitlich friedlichen Muslime (114).

Eine Undercover-Mitarbeiterin konnte auch in islamistische Frauennetzwerke eingeschleust werden. Sie stellte fest, dass sich auch unter islamistischen Frauen eine erschreckende Radikalität breitgemacht hat, die trotz Verschleierung und Hijab eigentlich ein Fall für den Verfassungsschutz und die

Strafverfolgungsbehörden wäre. So sollen sich die Islamistinnen einig gewesen sein, dass es zum islamischen Recht gehört, gegen Ungläubige zu kämpfen. „Ungläubige haben in den Augen dieser Menschen keinen Wert zu leben", erklärt der türkischstämmige hessische CDU-Abgeordnete Ismail Tipi.

Am Ende des bereits erwähnten Fernsehbeitrags erzählen zwei junge syrische Zuwanderer, die 2015 nach Deutschland kamen, etwas über ihre Moscheebesuche in Bad Kreuznach, die sie als Muslime schockiert hätten. Dort hätte ein Imam erklärt, er spreche kein Deutsch, weil er diese verhasste Sprache nicht lernen wolle. Deutschland sei ein Land von Ungläubigen, das man einnehmen und mit der Scharia islamisieren müsse. Viele Kinder sollten die Muslime bekommen, das hätte schon der türkische Präsident gesagt, damit könne man die muslimische Gemeinde erweitern, zuerst in Deutschland, dann in ganz Europa. Da ist man zuerst einmal sprachlos.

Einige Hassprediger radikalisieren junge Männer, die für einen zweiwöchigen Islamkurs mehrere tausend Euro bezahlen, auf eigens organisierten Reisen nach Saudi-Arabien.

Auf diese Weise entziehen sie sich der Beobachtung durch deutsche Behörden. Viele dieser Jugendlichen kommen als Gefährder wieder zurück nach Deutschland.

Eine Frau, die für den Bericht undercover in der Al-Sahaba-Moschee war, berichtet, dass vor allem Kinder gezielt beeinflusst würden. „Ich habe Kinder gehört, die gesagt haben ‚Ich habe nur muslimische Freunde, keine deutschen oder christlichen oder jüdischen. Ich darf das nicht. Die kommen alle in die Hölle." (115).

Der Salafismus ist zu einer ernsthaften Bedrohung der inneren Sicherheit in Deutschland geworden. Nicht zuletzt, weil der deutsche Staat vor lauter Multi-Kulti-Romantik zu viel hat durchgehen lassen und die Grenze zwischen Religionsfreiheit und einer politisch motivierten extremistischen Gesinnung nicht konsequent genug gezogen wird. Es ist nicht ausreichend, weiterhin nur zu beobachten, ein Betätigungs-verbot für radikale Salafisten erscheint überfällig, ist jedoch nach Maßgabe des Grundgesetzes kaum möglich. Salafisten auszuweisen ist auch deswegen nicht einfach, weil viele auch einen deutschen Pass besitzen und deutsche Staatsbürger nicht abgeschoben werden können (116).

Ein Schritt in die richtige Richtung ist sicherlich die vom Bundeskabinett beschlossene Änderung der Beschäftigungs- und Aufenthaltsverordnung. Ausländische Geistliche sollen künftig verpflichtet werden, bei der Einreise hinreichend Deutsch zu sprechen. So soll der „radikale Islam" in Deutschland zurückgedrängt werden. Im Fokus stehen insbesondere die rund tausend islamischen Vorbeter und Prediger des deutsch-türkischen Moscheeverbandes Ditib. Sie unterstehen der türkischen Religionsbehörde Diyanet, die auch deren Gehälter bezahlt. Das erlaubt der Türkei einen stetigen Einfluss auf in Deutschland lebende türkischstämmige Muslime.

Das Problem dabei: In welcher Sprache Gottesdienst gehalten und gepredigt wird, bleibt weiterhin den Religionsbediensteten überlassen. Auf diesem Feld durch Vorschriften einzugreifen, käme einer Verletzung der Religionsfreiheit gleich (117).

So wird auch die geänderte Beschäftigungs- und Aufenthaltsverordnung nicht ausreichend sein, um dem Problem Herr zu werden.

Vielleicht sollte man sich gut fünfundzwanzig Jahre zurück-erinnern. Bereits einmal, im Jahr 1993, führt die Bundes-republik Deutschland als einziges europäisches Land eine Sondergesetzgebung für Menschen ein, die in nach Artikel 16 GG um Schutz ersuchen.

Es entsteht ein eigenständiges Leistungsgesetz mit deutlicher Absenkung der Leistungen sowie der Sachleistungs-gewährung in Gemeinschaftsunterkünften.

Anlass für diese restriktive Gesetzgebung ist die in den Jahren 1992/1993 sprunghaft angestiegene Zahl Schutz suchender Flüchtlinge in Deutschland. Grund für das drastische Ansteigen der Flüchtlingszahlen ist der Höhepunkt der in den Jahren 1992/1993 im zerfallenden Jugoslawien tobenden Kriege (118).

Angesichts der unkontrollierten Masseneinwanderung und des dadurch importierten salafistischen Radikalismus wäre vielleicht auch anno 2015 ein Sondergesetz angebracht gewesen, dass es ermöglicht hätte, sich radikaler Imame zügig zu entledigen. Ob ein solches Gesetz jetzt noch Sinn machen würde, erscheint fraglich. Es sind wohl in den letzten Jahren zu viele Gefährder zugereist oder hier von radikalen Imamen ausgebildet worden, als das die Szene noch kontrollierbar wäre.

Zweifelsfrei ist die Religionsfreiheit aus gutem Grund ein hohes Gut, das es zu schützen gilt. Doch gleichzeitig muss eine Grenze gezogen werden zwischen Religionsausübung und einer politisch-extremistischen Einstellung, die nur religiös legitimiert wird.

Es darf nicht sein, dass weiterhin salafistische oder dschihadistische Terrorwerber in Deutschland unbehelligt ihr Unwesen treiben können. Die Radikalen und Terroristen unter den Flüchtlingen müssen eindeutig identifiziert werden. Wenn Hetze verbreitet wird, Meinungen, die sich gegen unsere freiheitlich-demokratische Grundordnung richten, muss es möglich sein, solche Hassprediger zügig aus dem Land zu verweisen – wie auch immer.

Wenn wir es zulassen, dass Hunderttausend Jugendliche Koranschulen besuchen und dort mit Hassbotschaften indoktriniert werden, müssen wir uns nicht wundern, dass sie hinterher auch den Botschaften von Salafisten und Hasspredigern zugänglich sind.

Deutschland muss sich klar und deutlich vom politischen Islam distanzieren. Unter dem Deckmantel der Religionsfreiheit und falsch verstandener Toleranz hat Deutschland sehr, nein, zu viel durchgehen lassen und ist anno 2020 kaum mehr in der Lage, die salafistischen Strukturen innerhalb der Staatsgrenzen auch nur einigermaßen im Zaum zu halten.

23

Wie positioniert sich die Kirche in der Flüchtlingspolitik?

Die Flüchtlingskrise spielt auch in kirchlichen Kreisen eine durchaus bedeutende Rolle. Grund ist nicht zuletzt das Kirchenasyl, welches bereits seit ewigen Zeiten ein zentrales Element kirchlichen Handelns und sakralen Selbstverständnisses darstellt.

Unter Kirchenasyl versteht man die vorübergehende Aufnahme von Flüchtlingen durch eine Pfarrei oder Kirchengemeinde zur Abwendung einer von den Gemeindemitgliedern als für die Schutzsuchenden an Leib und Leben bedrohlich angesehenen Abschiebung. Es bezweckt grundsätzlich eine Wiederaufnahme oder erneute Überprüfung des asyl- oder ausländerrechtlichen Verfahrens beziehungsweise eine Härtefallprüfung durch dafür zuständige staatliche Behörden. Kirchenasyl wird bisher von evangelischen, katholischen sowie jüdischen Gemeinden gewährt.
Die Praxis, an sakralen Orten Zuflucht zu gewähren, reicht bis in die vorchristliche Antike zurück. Der Ursprung des

Kirchenasyls ist im „Heiligtumsasyl" zu sehen, das Eingang in nahezu alle Kulturen gefunden hat. Das Heiligtumsasyl war an Tempel, sakrale Gegenstände oder tabuisierte Personen gebunden, in deren heiliger Sphäre die Schutzsuchenden der Gottheit unterstanden und deshalb vor den Nachstellungen ihrer Verfolger sicher waren. Kam es dennoch zur Verletzung eines solchen Asyls, so war dies gesetzwidrig und galt als Frevel, der göttliche und oft auch weltliche Strafen nach sich zog. Ähnliche Vorstellungen begegnen uns im Alten Testament. In Ri 9,42-49 EU wird erwähnt, dass die Bewohner Sichems vor Abimelech in die Gewölbe des Berit-Tempels flohen, David floh nach 1 Sam 19,18-24 EU vor Saul zum Propheten Samuel nach Rama und der Heerführer Joab flüchtete nach 1 Kön 2,28-35 EU vor Salomo in den Tempel von Jerusalem. Auch die Errichtung der Asylstädte (Freistädte) nach 5 Mos 4,41-43 EU bzw. Jos 20 EU ist als Indiz für die Existenz von Heiligtumsasylen in Israel zu werten, da sie eingerichtet werden sollten, nachdem mit der Kultzentralisation der späten Königszeit die außer dem Jerusalemer Tempel bis dahin anerkannten Tempel als legitime Asylstätten weggefallen waren.

Für die Entwicklung des Kirchenasyls war vermutlich die Institution der Hikesie im antiken Griechenland von größerer Bedeutung. Schutzsuchende Hiketiden flohen unabhängig von ihrer Schuld zu Tempeln, Götterbildern, Altären oder Feuerstellen, u (vorübergehend) sicher zu sein. Junge Frauen konnten so einer Zwangsverheiratung entgehen, zerstrittene Familien sich wieder versöhnen, Ehen gelöst werden und sogar Sklaven war es möglich, ihren Weiterverkauf an einen besseren Herrn oder in den Dienst des Heiligtums zu erwirken. Dabei war die Hikesie jedoch nicht auf Dauer angelegt. Entschied sich der Staat für eine Aufnahme, so lebten die Schutzsuchenden fortan als Metöken mit eingeschränktem Bürgerrecht unter dem Schutz des asylgewährenden Staates. Die Praxis der Hikesie wurde mit zunehmender Christianisierung des Imperium Romanum auch auf die Kirchen ausgedehnt. Heidnische und christliche Hiketiden flohen nun zum Bischof oder in kirchliche Gebäude und erfuhren hier Unterstützung und Schutz.

Die originär christlichen Tugenden „Barmherzigkeit" und „Nächstenliebe" bewogen die Christen zu ihrem Einsatz für Flüchtlinge und begründeten die Interzessionsverpflichtung der Bischöfe 343 auf dem Konzil von Serdika. Mittels Interzession traten die Bischöfe gegenüber staatlichen Stellen für zu Unrecht Verfolgte oder für Verurteilte ein, um deren Begnadigung zu erwirken. Den Delinquenten wurden dann weltliche Strafen erlassen und kirchliche auferlegt, die von einer mit Auflagen versehenen Buße bis hin zum Klosterleben reichen konnten. Mit der konstantinischen Wende um 400 wurden den Kirchen zunehmend Asylrechte eingeräumt, eine Verletzung des Rechts auf Kirchenasyl wurde scharf geahndet. Parallel zum zunehmenden Zerfall des römischen Reiches und dem gleichzeitigen Erstarken von Kirche und Papsttum gewann auch das Kirchenasyl an Bedeutung.

Mit dem Wiedererstarken der Staatsgewalt begann im 14. Jahrhundert der Niedergang des Kirchenasyls.

In der Aufklärung wurde das kirchliche Asylrecht vor allem als Behinderung der staatlichen Rechtspflege wahrgenommen. Bis zum 19. Jahrhundert wurde es von allen europäischen Staaten formell aufgehoben.

Diese Ablehnung bedeutete jedoch keineswegs, dass auch die römisch-katholische Kirche ihr Asylrecht aufgegeben hätte.

Die Entstehung der bis heute aktiven Kirchenasylbewegung ist im Zusammenhang mit der weltweiten Zunahme der Flüchtlingszahlen seit den 1970er Jahren und dem damit zusammenhängenden Anwachsen der Asylbewerberzahlen in der Bundesrepublik Deutschland zu sehen. Die Akzeptanz von Ausländern und Asylsuchenden in der Bevölkerung nahm ab, Politiker unterschiedlicher Parteien bezeichneten Asylbewerber als „Wirtschaftsflüchtlinge" und „Schein-asylanten". In diesem gesellschaftlichen Klima kam es 1983 zum ersten Kirchenasyl in der Heilig-Kreuz-Gemeinde in Berlin-Kreuzberg. Drei palästinensische Familien aus dem Libanon baten um Unterstützung, weil sie in den vom Bürgerkrieg zerrütteten Libanon abgeschoben werden sollten.

Die Härtefallkommission ist durch das Aufenthaltsgesetz mit Wirkung vom 1. Januar 2005 eingeführt worden. Zum Gegenstand der Härtefallkommission kann jedes aufenthalts-rechtliche Schicksal eines vollziehbar ausreisepflichtigen Ausländers gemacht werden.

In Deutschland hat das Kirchenasyl seit der Einführung der Härtefallkommissionen an praktischer Bedeutung verloren (119).

Im August 2018 verschärfte das Bundesinnenministerium die Regelungen im Umgang mit dem Kirchenasyl. Halten sich Kirchengemeinden künftig nach Ansicht des Bundesamts für Migration und Flüchtlinge nicht an Absprachen, gelten Schutzsuchende seit 1. August als „flüchtig" nach dem Dublin-System, obwohl ihr Aufenthaltsort bekannt ist. Damit erhöht sich die Frist zur Abschiebung auf 18 Monate.

Im ersten Quartal 2018 wurden laut Bundesregierung immerhin 498 Abschiebungen durch Kirchenasyl verzögert oder verhindert (120).

Dass die Kirche sich in der Flüchtlingspolitik vehement hinter die Politik von Bundeskanzlerin Merkel stellt, ist vor dem geschilderten Hintergrund nicht weiter verwunderlich. Schließlich haben unsere Gotteshäuser eine langjährige Tradition, was die Asylgewährung betrifft.
So engagieren sich die Kirchen beinahe logisch umfangreich in der Flüchtlingshilfe.
Die 27 deutschen Bistümer und die kirchlichen Hilfswerke haben im Jahr 2017 zusammen rund 147 Millionen Euro für die Flüchtlingshilfe bereitgestellt. Gut 35.000 Geflüchtete waren im Jahr 2017 in kirchlichen Gebäuden untergekommen.

Die Bischofskonferenz verweist zudem darauf, dass zahlreiche Menschen auch in vorhandenen kirchlichen Einrichtungen, etwa der Hilfswerke und Verbände, untergebracht wurden. Dazu zählten etwa unbegleitete Minderjährige oder Frauen mit Kindern (121).

Dabei hat sich die kirchliche Flüchtlingsarbeit seit Beginn der Flüchtlingskrise 2015 verändert. Inzwischen steht nicht mehr Nothilfe für Neuankömmlinge im Vordergrund, sondern Integrationsarbeit. Kirchliche Gruppen vermitteln Arbeitssuchende, organisieren Deutschkurse und Nachhilfeunterricht.

Die Diakonie Deutschland betreut bundesweit Projekte diakonischer Einrichtungen, in denen sich Freiwillige für Flüchtlinge engagieren. „Die Integration steht jetzt stärker im Vordergrund", bestätigt Lorenz Hoffmann von der Diakonie Deutschland.

Viele Ehrenamtliche würden mithelfen, Flüchtlingen eine Ausbildung oder eine Arbeitsstelle zu vermitteln und Eltern und deren Kinder mit Kita und Schule vertraut zu machen (122).

Die Kirchen bleiben in der Flüchtlingsfrage radikal einseitig. Eine Obergrenze kann es für Protestanten und Katholiken ebenso wenig geben wie Grenzschließungen. Dabei hätten die Kirchen durchaus Gründe für den Ruf nach einer Obergrenze. Denn viele Christen legen sich für die Flüchtlinge mächtig ins Zeug. Geistliche und Gemeindeglieder laden sich immer neue Hilfsprojekte auf, Mitarbeiter von Diakonie und Caritas schieben Überstunden, um die 200.000 Ehrenamtliche der beiden großen Kirchen betreuen und begleiten die Neuankömmlinge, unterrichten sie, trösten und ermahnen sie. Da wäre es absolut verständlich, wenn die Kirchen sagen würden, es brauche eine Obergrenze. Das sagen sie aber nicht. Vielmehr halten sie der Politik von Angela Merkel die Treue und sind offenbar bereit, jedwede Konsequenzen dieser Politik mitzutragen.

Nur selten hingegen äußern die Kirchen Verständnis für Sorgen vor Überlastung und misslingender Integration – schnell gehen sie dann über zu Warnungen vor Generalverdacht und Ausländerfeindlichkeit (123).

Eine durchaus kritikwürdige Einseitigkeit, mit der die Kirchen Partei für die Schwächsten nehmen und deren Zurückweisung kritisieren.

Leider hat diese Einseitigkeit auch Einzug in die Gotteshäuser gehalten. Dort werden seit Beginn der Flüchtlingskrise im Rahmen der Predigten regelmäßig Bibelstellen zitiert, in denen von Wanderung und Flucht die Rede ist. Und es wird gebetet, für Verfolgte, für Menschen, die auf der Flucht sind und für jene, die auf dieser umkommen. Die Kirchen nehmen immer nur einen Blickwinkel ein: den der notleidenden Menschen. So politisiert sich die Kirche, sie bezieht eindeutig Partei für die Zuwanderer und gegen all' jene, die der Masseneinwanderung kritisch gegenüberstehen. Und demonstriert diese Haltung auch symbolisch gern nach außen.

So bleibt der Kölner Dom angesichts einer Pegida-Demonstration unbeleuchtet (124), in der thüringischen Landeshauptstadt Erfurt lässt der katholische Erfurter Bischof Ulrich Neymeyr die Außenbeleuchtung des Doms abschalten, wenn die AfD zur Demonstration einlädt (125).

Die EKD (Evangelische Kirche Deutschlands) will sogar ein eigenes Schiff zur Seenotrettung ins Mittelmeer schicken (126).

Die Kirche fungiert als Sprachrohr der Flüchtlinge. Dieses Selbstverständnis spiegelt sich auch in den Predigten in unseren Gotteshäusern wider. Man wird nicht müde, auf das Leid der Flüchtlinge zu verweisen. Jenes, was Zuwanderer der einheimischen Bevölkerung antun, die unzähligen Gewaltverbrechen, die grausamen Vergewaltigungen und bestialischen Morde, bleiben außen vor.

Die Kirche fragt hier nicht nach dem „warum", sondern übt sich in Annahme dessen, was passiert. „Wir beten auch für die Opfer der Einwanderungspolitik" - eine solche Aussage hört man, wenn überhaupt, dann nur in Ausnahmefällen.

Die Kirche nennt hier das Kind nicht gern beim Namen, Gewalttaten GEGEN Flüchtlinge werden zu Recht verurteilt, jenen VON Zuwanderern hingegen bleiben unverständlicherweise außen vor.

Es gibt durchaus Politiker in unserem Lande, die die Rolle der Kirche in der Flüchtlingspolitik vorbehaltlos gutheißen.

Die Bundestagsabgeordnete Kerstin Griese, SPD-Fraktionsbeauftragte für Kirchen und Religionsgemeinschaften, dazu: „Ich glaube, dass es ganz legitim ist, dass die Kirchen da auch in gewisser Weise einseitig sind. Diese

Einseitigkeit ist auch für die Gesellschaft unverzichtbar, denn wir brauchen gesellschaftlich relevante Organisationen, die sich so klar und einseitig auf die Seite der Schwachen, auf die Seite der Flüchtlinge stellen" (127).

Da darf man durchaus auch anderer Meinung sein.

Ein bedingungsloses Unterstützen der einen und ein Anklagen der anderen Seite entbehrt jeglicher Realität. Letztlich laufen die Forderungen der Kirche auf eine Politik der offenen Grenzen hinaus.

Die politischen und sozialen Folgen einer solchen Willkommenskultur, welche das Erstarken rechts orientierter und fremdenfeindlicher Parteien in ganz Europa begünstigt hat, werden heruntergespielt oder einseitig einer rassistischen, einer „rechten" Gesinnung angelastet.

Zum Glück gibt es Kirchenvertreter, die einer solchen Entwicklung offenbar strikt entgegentreten.

So erachtet der Bamberger Erzbischof Ludwig Schick die Zunahme von Hasskriminalität gegen Christen in Deutschland als erschreckend. Schick beobachtet Radikalisierungstendenzen unter bestimmten Gruppen der in Deutschland lebenden Muslime, die das friedliche

Miteinander gefährden. Weiter führt der Erzbischof aus, dass unter den Flüchtlingen, die seit 2015 aus dem Nahen Osten nach Deutschland gekommen sind, zweifellos manche seien, die „die freiheitliche Ordnung unseres Landes nicht verstehen oder nicht akzeptieren, auch welche, die nicht als Flüchtling, sondern als Terroristen gekommen sind. Das ist eine Tatsache, auf die wir reagieren müssen" (128).

Recht hat er, der gute Mann.

24

Ist Flüchtlingspolitik ein Marketing-Instrument?

Das Thema Marketing ist in der Politik zwar nach wie vor weniger verbreitet als in der freien Wirtschaft, gewinnt aber nichtsdestotrotz zunehmend an Bedeutung. Dass die im Titel dieses Kapitels gestellte Frage im Hinblick auf die Regierenden dieses Landes und ihre Widersacher eindeutig zu bejahen ist, darüber können kaum Zweifel bestehen. Seit Beginn der Flüchtlingskrise anno 2015 ist die Thematik von sämtlichen Parteien in der Wahlpropaganda beinahe exzessiv aufgegriffen worden. Sei es anlässlich der Bundestagswahl 2017, der Europawahl 2019 oder aber im Rahmen der verschiedenen Landtagswahlen. Das hat seinen Grund: Wer mit seiner Politik auf den gerade vorbeirauschenden Meinungszug aufspringt, der vermehrt seine Wählerschaft. Die „Willkommenskultur" ist so gesehen wie gemacht für unsere Politiker, um sich entsprechend zu positionieren. Auch mit geradezu aberwitzigen Wahlversprechen, was die Bewältigung der Flüchtlingskrise anbetrifft. Da werden von den Einen Obergrenzen versprochen, im gleichen Atemzug jedoch wird von den Anderen betont, dass es eben diese nicht geben wird. Diese wollen das Asylrecht ausweiten, jene versprechen Abschottung.

Jeder mäßig informierte Bürger ahnt, dass die propagierten Ziele größtenteils kaum erreichbar sind – und dass die handelnden Personen dies auch wissen. Hier wird die Wählerschaft bewusst getäuscht, Wahlpropaganda schlägt Authentizität, Flüchtlingspolitik wird zum zentralen Marketing-Instrument im Wahlkampf.

Die Vermarktung der Flüchtlingsproblematik ist dabei keinesfalls ein staatliches Monopol, sie beschränkt sich keinesfalls nur auf unsere Damen und Herren Politiker. Längst haben auch pfiffige Zeitgenossen aus ganz anderen Lebensbereichen den verkaufsfördernden Effekt der politischen Positionierung in ihre Marketing-Strategie übernommen.

So hat der Autobauer VW für die Nothilfe und Integration von Geflüchteten eine beim Personalvorstand angesiedelte Einheit geschaffen, die markenübergreifend Flüchtlingshilfe-Projekte koordiniert (129).

Das italienische Textil- und Modeunternehmen Benetton beglückt uns mit einem Werbefoto von aus dem Mittelmeer geretteten Flüchtlingen in Rettungswesten (130).

Einige Organisationen schießen weit über das Ziel hinaus.

Die UNO-Flüchtlingshilfe wirbt dafür, den eigenen Nachlass für Flüchtlinge zu spenden (131).

„Mission Lifeline" versucht, Interesse zu wecken, indem zu Scheinehen mit Flüchtlingen aufgerufen wird, um deren Aufenthaltsstatus zu sichern (132). Geht's noch?!

Auch immer mehr Künstler versuchen vom nicht enden wollenden Flüchtlingshype zu profitieren.

Das gilt für Sänger (Eko Fresh „Aber"), Filmproduzenten (Simon Verhoeven „Willkommen bei den Hartmanns") und auch für … Karnevalisten.

Narreteien gibt es schon im Mittelalter. Zum Teil wohl aus heidnischen Bräuchen zum Winterende hervorgegangen, zum Teil bedingt durch die nahe Fastenzeit: Bereits damals feiern die Menschen um Februar, März herum wilde Feste. Schon vor 200 Jahren machen sich die Karnevalisten dabei über die Mächtigen lustig. Anfang des 19. Jahrhunderts soll in den Städten entlang des Rheins dem wilden und ungezügelten Treiben eine Ordnung gegeben werden. In Köln gründet sich dazu ein „Festordnendes Komitee", das 1923 den ersten

Rosenmontagszug auf die Straße schickt. In Mainz ist dies 1938 der Fall, mit Ranzengarde und MCV gründen sich die ersten Vereine, die ersten Sitzungen werden abgehalten. Und dabei geht es von Anfang an auch politisch zu. Erkennbar ist der politische Hintergrund der Fastnacht, des Karnevals, auch an vielen Symbolen, etwa den Garden, mit denen das Soldatentum persifliert wird. Auch der Prinz Karneval gilt als Persiflage auf den damals noch allgegenwärtigen Adel. Die Zahl Elf steht nach einigen Deutungen für den Slogan der Französischen Revolution: Egalité, Liberté, Fraternité.

Richtig politisch wird es in den Zeiten rund um die Revolution von 1848, als die Menschen die Chance nutzen, aus der Bütt heraus die Obrigkeit durch den Kakao zu ziehen. Fortan ist der Karneval die Zeit, um satirisch Bilanz zu ziehen (133).

Und heute? Besonders die Motivwagen in den großen Rosenmontagszügen der Karnevalsmetropolen in Düsseldorf, Köln und Mainz finden bundesweite Beachtung, werden darin doch politische und gesellschaftliche Entwicklungen auf der großen Bühne karikiert. Millionen Menschen an den Straßenrändern sowie an den Fernsehschirmen schauen zu. Und schon im Vorfeld gibt es häufig Debatten um geplante

Wagen, die ebenfalls ihren Teil zur politischen Kultur beitragen.

Im Rheinland, insbesondere in Köln, sind Karneval und Kommunalpolitik eine Symbiose eingegangen. Kommunalpolitiker haben erkannt, dass der Karneval nicht nur ein bedeutender Wirtschaftsfaktor ist, sondern auch eine Plattform bildet, um sich als Politiker dem närrischen Volk zu zeigen und Volkstümlichkeit zu dokumentieren.

Für die Kölner Oberbürgermeister und andere Stadtobere ist es, unabhängig von ihrer politischen Gesinnung, ein Muss, im Karneval immer präsent zu sein. Und sich um die Rahmenbedingungen des „närrischen Treibens" zu kümmern.

So lädt das Festkomitee Kölner Karneval anno 2016 Flüchtlinge ein, gemeinsam mit Einheimischen und Touristen das närrische Treiben zu feiern. Hierfür erstellt der Verein unter anderem auch ein Informationsblatt auf Arabisch und englisch, das in den Asylunterkünften verteilt wird.

Darin werden den Asylsuchenden die Bräuche und Gepflogenheiten des Kölner Karnevals nähergebracht. So heißt es an einer Stelle: „Wundert Euch also nicht, wenn Ihr Kölner in historischen Soldatenuniformen trefft. Ihre Gewehre sind nur aus Holz und haben Blumen im Lauf – und jeder einzelne ist eine kleine Demonstration für ein buntes und friedliches Miteinander."

Zudem wird darauf hingewiesen, dass der Straßenkarneval, anders als die Feiern in den Sälen, kostenlos sei. „Man stellt sich einfach mit an den Straßenrand, während die Musikgruppen und Festwagen vorbeiziehen. Und dabei kann man sogar noch etwas bekommen, denn die Teilnehmer des Umzuges verteilen Schokolade, Bonbons und kleine Blumensträuße an jedermann."

Jeder, der wolle, könne also mitfeiern. „Die Kölner sind ziemlich offen und neugierig Fremden gegenüber. Der Umgang ist sehr locker, Freundlichkeit und Respekt sind oberstes Gebot. Ein Lächeln des anderen zeigt, ob er mit Dir feiern möchte." (134).

Ein guter Ansatz, finde ich. Wobei allen Informationen zum Trotz der alljährliche Karnevaltrubel unseren neuen Mitbürgern verständlicherweise eher befremdlich vorkommen dürfte...

Mit Beginn der Flüchtlingskrise wird dieselbe selbstredend auch im Karneval thematisiert. In der Session 2015/16 kommt kaum ein Büttenredner ohne Pointen über die Protagonisten der deutschen Flüchtlingspolitik aus, auch die Mottowagen der Karnevalsumzüge nehmen sich des heiklen Themas an.

Der Kölner Rosenmontagszug nimmt die Flüchtlingspolitik der Kanzlerin aufs Korn, die noch viele harte Nüsse knacken muss und sich schon einige Zähne ausgebissen hat (135).

Eine fiese Pegida-Hexe, die im Rosenmontagszug in Mainz auf einem braunen Mob reitet. Im gleichen Zug der Wagen „Europa regelt die Zuwanderung", der eine Mensch gewordene Europa zur Schau stellt, die dem türkischen Präsidenten Recep Tayip Erdogan die Füße küsst (136).

„Die Indianer konnten nichts gegen die Einwanderung tun. Heute leben sie in Reservaten" prangert es auf dem Mottowagen der Gruppe „Stammtisch Weidorf" im Friedberger Faschingszug. Dieser Wagen gerät schnell in die Kritik, lässt sich der Spruch doch als fremdenfeindlich auslegen (137).

Auf eine ebenso provokante Idee wie in Steinkirchen kommen auch Anwohner in anderen bayerischen Gemeinden. Auf einem Wagen, der als U-Boot geschmückt ist, prangt eine eindeutige Botschaft an die Flüchtlinge: "Sie sollten kämpfen für ihr Land anstatt zu grabschen mit der Hand."

Anwohner im thüringischen Wasungen assoziieren die Flüchtlinge sogar mit einer Heuschrecken-Plage. In Altenberg steht auf einem als Saloon getarnten Wagen: „Lieber Rothaut als Braunhaut" (138).

Für großes Aufsehen sorgt ein Wagen der selbst ernannten „Ilmtaler Asylabwehr", die einen dekorierten Panzer mit der Aufschrift „Asyl wir schaffen das???" zur Schau stellen, auf dem drei Männer im Bundeswehrfeldanzug auf einem Geschützturm posieren.

Gegen die Fahrer des Motivwagens, die explizit gegen die Flüchtlingspolitik protestieren wollen, wird ein Ermittlungsverfahren eingeleitet (139).

Mottowagen mit bundes- und weltpolitischen Themen sind Usus im Kölner Karneval. Seit langen Jahren.

Gut ist, dass mit den Wagen in den Umzügen in unserem Lande seit Beginn der Flüchtlingskrise beide Gesinnungen thematisiert und kritisiert werden: die Gegner, aber auch die Befürworter der ausufernden deutschen Willkommenskultur.

Jener Wagen aus Ilmtal ist geschmacklos, keine Frage. Aber ist es nicht durchaus angebracht, dass man im Karneval auch auf mögliche Risiken einer offenherzigen Asylpolitik hinweisen darf und dies auch weiterhin tut?

Gerade der Karneval, der stolz auf sein Brauchtum ist, seine Tradition, der nicht müde wird, die Schönheit der Heimat zu verherrlichen – gerade der sollte auch sehr sensibel sein, wenn es darum geht, potenzielle Gefahren für eben diese auszumachen.

Manchmal hat man den Eindruck, dass die Balance diesbezüglich, zumindest im Sitzungskarneval, zu kippen droht.

Auf einer traditionellen Karnevalssitzung der KG Alt Köllen fordert der Frontmann einer bekannten Kölner Mundartgruppe dazu auf, „kein Kölsch an Nazis" auszuschenken.

Da hat der gute Mann völlig recht. Aber warum erwähnt er nicht im gleichen Atemzug, dass für jene, die in unser Land kommen und unsere Bevölkerung verprügeln, vergewaltigen und ermorden, doch bitteschön auch kein Tee, die meisten trinken ja keinen Alkohol, bereitstehen sollte?

Nur wenige Auftritte später tut es ihm der Kollege einer anderen Combo gleich, indem er postuliert „wir lassen nicht zu, dass man den Begriff Heimat missbraucht". Erneut gehe ich völlig d'accord. Nur fehlt auch da nicht noch etwas? Wäre nicht ein „Aber genauso wenig lassen wir zu, dass Leute in unser Land kommen und unsere Heimat missbrauchen" angebracht, nein, geboten gewesen?

Ähnliches darf man anno 2020 auch die Macher der wundervollen Vorkarnevalsveranstaltung Lossmersinge (Lms) fragen. Auch die werden nicht müde, bei jedem „Einsingen in den Karneval" zu betonen, dass man natürlich wieder zwei Titel gegen rechts im Programm habe. Weil: Das muss in Zeiten wie diesen einfach sein. O-Ton „Es ist wichtig, ein Statement gegen rechts zu setzen".

So trällert die bekannte Kölner Komikerin Carolin Kebekus mit ihren „Beer Bitches" „Hät Dir keiner Respekt för Minsche beijebraht" (hat Dir keiner Respekt vor Menschen beigebracht) und „Hau jetzt besser aff, jangk mir nit op der Sack" (Hau jetzt besser ab, geh' mir nicht auf den Sack). Das könnte sie ebenso den gewalttätigen Zuwanderern ins Ohr säuseln.

Leider jedoch verhält es sich offenbar so, dass keine der mittlerweile unzähligen Kölner Karnevalsbands auf die Idee kommt, ein mahnendes Liedchen in Richtung gewalttätiger

Zuwanderer in den Ring zu schicken.

Und selbst, wenn es entsprechendes Liedgut gäbe: Von der großen Lms-Gemeinde käme sicherlich niemand auf die Idee, dass es auch, nein, ebenso wichtig ist, ein Statement gegen jene zu setzen, die als Schutzsuchende in unser Land kommen und unsere Bevölkerung terrorisieren.

Und so beschließt die „AG Arsch huh" (AG Popo hoch) die Auswahl der neuen Karnevalslieder bei Lossmersinge und postuliert „Ihr künnt uns nit täusche" (Ihr könnt uns nicht täuschen). Würde das nicht auch ganz wunderbar auf die Thematik des Asylmissbrauchs, der zahlreichen Doppel- und Dreifachregistrierungen unter dem Deckmantel des Schutzsuchens, die den Deutschen Staat Jahr für Jahr mehrere Millionen Euro kosten, passen? Hätte ich auch nur den Anflug musikalischen Talentes – ich würde ernsthaft darüber nachdenken, eine „AG Benemmt Üch!" (Benehmt Euch!) zu gründen. Erster Titel in Anlehnung an Carolin Kebekus „Lot uns Lück en Rauh" (Lasst unsere Leute in Ruhe)…

Wieder und wieder fragt man sich als friedlich Karneval feiernder, politisch völlig neutraler Bürger: Wo bleibt da das

Gleichgewicht? Warum werden nur die einen „Bösen" angeprangert, nicht jedoch die anderen?

Eigentlich kann ich mir kaum vorstellen, dass die Mitglieder der Kölner Mundartgruppen unisono verklärte Willkommenskulturler sind. Ich bin mir sicher, viele sehen die Flüchtlingsthematik viel differenzierter und durchaus kritisch. Warum dies in ihren Texten kaum zum Ausdruck kommt, ist zu erahnen. Wahrscheinlich hat die gleichbleibend einseitige Stimmungsmache hier einen ganz anderen Hintergrund: Die Solidarität mit Flüchtlingen ist in der heutigen Zeit leider auch ein nicht zu unterschätzendes Marketing- und Verkaufsargument. Pro Flüchtlinge sein ist „in", kommt bei der Mehrheit der Bevölkerung, und damit bei der potenziellen Käuferschaft, gut an. Contra Flüchtlinge hingegen verkauft sich nun einmal nicht. Da vergisst manch' einer schnell einmal die eigene Authentizität und hält sich mit durchaus vorhandenen Vorbehalten vornehm zurück.

Die Politik hat im Karneval ihren festen Platz. Und das soll auch so bleiben. Dafür müssen die „Jecken" hierzulande an der Diskussionskultur des Karnevals festhalten.

Sie sollten, wie es bislang Sitte war, auch in heiklen Fragen wie der Flüchtlingspolitik beide Seiten betrachten, sie sollten auf Missstände hier und dort hinweisen und in beide Richtungen provozieren.

Denn die Willkommensbeiweihräucherung von Brings, Paveiern &Co. hängt einem politisch gemäßigt denkenden Menschen mittlerweile genauso zum Hals raus wie die rechten Parolen.

„Es wird vorbei sein, wenn wir uns lieben. Es wird vorbei sein mit all' den Kriegen. Wir sind Brüder, wir sind Schwestern, egal wo wir sind – glaub' mir, die Liebe gewinnt" (Refrain des Brings-Songs „Liebe gewinnt").

Wenn es nur so einfach wäre.

Ausschließlich Solidarität mit den Flüchtlingen zur Schau zu stellen und vermutet Rechtsdenkende anzuprangern, ohne die Vergehen von Zuwanderern in gleichem Maße zu verurteilen, wird weder dem Wesen des Karnevals gerecht, noch ist es zielführend in dem Bemühen, die in Willkommenskulturler und -gegner zerstrittene Bevölkerung zu einen.

Was im vorigen Kapitel bezüglich „Einseitigkeit" über die Kirche gesagt wurde, könnte schon bald für den Karneval nicht minder gelten.

Lassen wir es nicht so weit kommen - und den Karneval weiterhin auch als das betrachten, was er schon immer war:

Eine Möglichkeit, die gesellschaftlichen und politischen Geschehnisse eines Jahres mit Humor und Nachhaltigkeit aufzuarbeiten. Aus jedem Blickwinkel.

25

Welche Rolle spielen Prominente in der Flüchtlingsdiskussion?

Als die Kritik an Bundeskanzlerin Angela Merkel Anfang des Jahres 2016 immer größer wird, kokettiert die Kanzlerin mit einem öffentlichen Brief, den siebzig Persönlichkeiten aus dem In- und Ausland unterschrieben haben. Die Herrschaften aus Kunst, Kultur, Politik und Zivilgesellschaft stellen sich unisono hinter die Flüchtlingspolitik der deutschen Kanzlerin.

Angela Merkel habe das Land verwandelt. Man habe keine Angst mehr vor Deutschland. Im Gegenteil: Man will jetzt nach Deutschland steht in dem Brief, der in der Zeitung die Welt am Samstag veröffentlicht wurde.

Nach den Schrecken, den Untaten, die von Deutschland ausgingen, sei das eine neue, wunderbare Erfahrung. „Europa, dieses neue Deutschland und die Flüchtlinge brauchen Sie. "

Unter den Unterzeichnern sind unter anderem die Autorin Herta Müller, der Dirigent Daniel Barenboim, die Holocaust-Überlebende Margot Friedlander und der Produzent Nico Hofmann (140).

Prominente erfüllen oft eine Vorbildfunktion und eignen sich dadurch bestens für politische Meinungsbildung.

Ein Vorbild ist eine Person oder Sache, die als richtungsweisendes und idealisiertes Muster oder Beispiel angesehen wird. Im engeren Sinne ist ein Vorbild eine Person, mit der ein Mensch sich identifiziert und dessen Verhaltensmuster er nachahmt oder nachzuahmen versucht.

Viele Denkmodelle über Vorbilder greifen auf Theorien zurück, die Sigmund Freud angeregt hat. Er sah die „Identifizierung" mit einem Vorbild als einen psychodynamischen Prozess, der eine Angleichung des eigenen Ich zu dem zum Vorbild genommenen Ich zum Ziel hat.

Bei der Wahl eines Vorbildes spielen unter anderem die wahrgenommene Ähnlichkeit zum Betrachter (dies kann sich auch auf Einstellungen, Ziele oder ähnliches beziehen), der wahrgenommene Erfolg des Vorbildes und die Überzeugung des Betrachters, dem Vorbild auch nacheifern zu können, eine Rolle. Sind diese Bedingungen erfüllt, hat das Vorbild positive Auswirkungen auf die Selbstwirksamkeitsüberzeugung (141), auf die menschliche Eigenschaft, darauf zu vertrauen, auch unter extremen Belastungen, in schwierigen Anforderungssituationen oder angesichts großer Handlungs-barrieren, handlungsfähig zu sein (142).

Vorbilder inspirieren uns, zeigen uns Möglichkeiten auf. Sie können uns Mut machen, eine Sache, die uns unmöglich erscheint, anzugehen und dabei so erfolgreich zu sein wie sie. Und so orientieren wir uns an den von unseren Vorbildern erreichten Zielen, an besonderen Eigenschaften und Wegen, die Menschen, die wir bewundern, eingeschlagen haben. Oft ist es dabei nicht die Person als solche, sondern mehr eine Handlung oder Sache, die uns beeindruckt.

Erstrebenswerte Vorbilder sind in unseren Augen in einem bestimmten Bereich so, wie wir gern sein wollen. Sie haben etwas geschafft, was wir selber erstrebenswert finden, sehen aus, wie wir gern aussehen würden, oder vertreten Werte, die auch unseren Moralvorstellungen entsprechen. Sie sind quasi ein Spiegelbild unserer Wunschträume und sie regen dazu an, diese Träume auch zu verfolgen (143).

Vorbilder geben uns mit ihren Eigenschaften und ihrem Weg eine Art Blaupause. Wir orientieren uns an Ihnen, sie liefern uns ein Ideal, nach dem wir leben können.

Bei Menschen, die selbst keine politische Meinung haben oder sich nicht für eine von mehreren möglichen politischen Richtungen entscheiden können, können Vorbilder in Form von ins Boot geholten Prominenten die Wahlentscheidung von Bürgern massiv beeinflussen.

Und sie können dazu herhalten, Aufmerksamkeit zu erregen, zu provozieren.

Kurz vor der Fußball-Europameisterschaft 2016 sorgt der AfD-Vorsitzende Alexander Gauland für einen Eklat, als er in einem Interview mit der „Frankfurter Allgemeinen Sonntagszeitung" über den Fußballprofi Jerome Boateng, Sohn einer deutschen Mutter und eines ghanaischen Vaters, folgendes sagt: "Die Leute finden ihn als Fußballspieler gut. Aber sie wollen einen Boateng nicht als Nachbarn haben".

Gauland hat den Zeitpunkt gut gewählt, kurz vor dem Fußball-Großereignis sorgt der Spruch des Politikers für einen Riesenwirbel. Der Großteil der Bevölkerung ist erzürnt, (Fußball-)Deutschland steht hinter Jerome Boateng!

Der Deutsche Fußball-Bund reagiert empört. DFB-Präsident Reinhard Grindel sagt, es sei "einfach geschmacklos", die Popularität Boatengs und der Nationalmannschaft "für politische Parolen zu missbrauchen". Boateng sei "ein herausragender Spieler und ein wunderbarer Mensch, der sich auch gesellschaftlich stark engagiert und für viele Jugendliche ein Vorbild ist".

Bundesjustizminister Heiko Maas reagierte ebenso ablehnend auf Gauland. "Einfach nur niveaulos und inakzeptabel. Wer so redet, entlarvt sich selbst - und das nicht nur als schlechter Nachbar", twittert der SPD-Politiker (144).

Die Art und Weise, in der Alexander Gauland seine Botschaft kommuniziert, ist selbstredend zu verurteilen. Reiner Rechtspopulismus. Das herablassende „einen Boateng" und die damit gewollte Verallgemeinerung hin zu „einen Schwarzen" ist absolut inakzeptabel, keine Frage.

Nur, was nirgendwo in den Medien erwähnt wird: In der Sache hat der gute Mann leider, zumindest partiell, recht.

Bei der Bundestagswahl 2017 wählten 12,6% die AfD. Bei einer Wahlbeteiligung von 76,2% und einer Bevölkerung von 61,69 Millionen wahlberechtigten Menschen (145) macht das stolze 5.922980, also fast sechs Millionen Wähler!

Menschen, die Gaulands Aussage in großen Teilen zustimmen würden.

Das darf man bei aller Empörung über den dummen rassistischen Angriff nicht vergessen.

Und wissen Sie was? Auch ich muss Herrn Gauland zustimmen. Ja, ich würde ungern neben einem Zuwanderer aus Afrika wohnen.

(Also, doch – war doch klar, dass der ein Rechter ist!)

Abwarten, die Erklärung folgt auf dem Fuße: Im Kölner Stadtteil Gremberg herrscht Multi-Kulti pur. Türken, Osteuropäer, Afrikaner, und, und, und, leben friedlich zusammen. Ein halbes Jahr lang wohne ich dort bei meiner damaligen Lebensgefährtin und heutigen Ehefrau. Tür an Tür mit einem schwarzafrikanischen Paar. In dessen Räumlichkeiten geht es meist sehr turbulent zu. Man streitet sich häufig und auffallend laut, gegen 22:00 kriecht regelmäßig ein süßlich-würziger Geruch vom Hausflur in unsere Wohnung, weil die Nachbarn sehr spät am Abend Köstlichkeiten aus der Heimat genießen, begleitet von lauter afrikanischer Musik. Ungewöhnlich für „uns Deutsche" und durchaus bisweilen unangenehm.

Man streitet sich heftiger, isst später und hört andere Musik, dazu noch lauter, als man es gewohnt ist – es ist halt eine andere Kultur.

Wenn man aufgrund dessen die Meinung äußert, dass man lieber neben Menschen aus dem eigenen Kulturkreis leben möchte, mit ähnlichem Temperament, gleichartigen Sitten und similärem Tagesablauf, was hat das bitteschön mit Diskriminierung zu tun? Richtig, nichts!

Immer noch nicht überzeugt? Ich versuche es einmal anders herum.

Ich habe neben meiner Gattin zwei große Hobbies: den Fußball und meinen Hund.

Wenn in meiner Wohnung am Samstag in Stadionlautstärke zunächst ab 14:00 Magenta-Sport läuft, damit ich mich über das meist grausame Gekicke meines Herzensvereins ärgern kann und ich nach Spielende auf Sky umswitche, in der Hoffnung, endlich „richtigen Fußball" zu sehen.

Wenn mein heiß und innig geliebter Vierbeiner zum x-ten Mal in tosendes Gebell verfällt, weil er verdächtig anmutende Geräusche aus dem Treppenhaus vernimmt.

Fühle ich mich dann diskriminiert, wenn ein afrikanischer Mitbürger aufgrund der Geräuschkulisse aus meiner Wohnung die Ansicht postuliert, künftig eher nicht neben einem Deutschen, zumindest keinem mit Fußball-Macke und überaufmerksamen Vierbeiner, wohnen zu wollen?

Mitnichten. Warum auch? Ich kann ihn doch verstehen.

Ist in seinem Kulturkreis doch an mediale Berichterstattung von Drittligafußball nicht zu denken und die Hundehaltung eher ungewöhnlich.

Im Casus des AfD-Mannes ist der Hintergrund natürlich ein ganz anderer. Billigste Wahlpropaganda, traurig, dass sie auch noch zu fruchten scheint.

In jedem Fall leistet der „Fall Boateng", der bewusste Angriff Alexander Gaulands auf den dunkelhäutigen deutschen Fußballspieler, einen weiteren Beitrag dazu, dass sich die Fronten innerhalb der deutschen Bevölkerung verhärten. Ausländerfreunde hier – Rassisten dort.

Zwei Jahre später, just vor dem nächsten Fußballgroßereignis, der Weltmeisterschaft 2018 in Russland, machen wieder zwei Fußball-Nationalspieler Schlagzeilen.

Kurz vor der WM-Nominierung kursieren Bilder der Mittelfeldspieler Mesut Özil und Ilkay Gündogan, die sich in London mit dem türkischen Staatschef Erdogan für dessen Wahlkampfpropaganda ablichten lassen.

Fußball-Deutschland ist fortan gespalten: nehmen wir die beiden türkischstämmigen Akteure mit zur WM oder nicht? Schließlich stehen die beiden in Gelsenkirchen geborenen Spieler mit türkischen Wurzeln im WM-Aufgebot von Bundestrainer Joachim Löw. Kritik gibt es weiter.

Gündogan erklärt sich im Mannschaftsquartier der Nationalmannschaft: "Wir haben aufgrund unserer türkischen Wurzeln noch einen sehr starken Bezug zur Türkei. Das heißt aber nicht, dass wir jemals behauptet hätten, Herr Steinmeier sei nicht unser Bundespräsident oder Frau Merkel nicht unsere Bundeskanzlerin." Özil und er hätten niemals "ein politisches Statement" setzen wollen. Mesut Özil hingegen schweigt weiter und gibt als einziger Nationalspieler am Medientag der Nationalmannschaft kein Interview. Trotzdem bleibt er im WM-Kader, was in Deutschland sehr kontrovers diskutiert wird.

Erst nach dem blamablen WM-Aus in der Vorrunde als Tabellenletzter einer Gruppe mit den Fußballgiganten Mexiko, Schweden und Südkorea bricht auch Özil sein Schweigen. Er verteidigt seine Fotos mit Erdogan und attackiert den DFB und dessen Chef Reinhard Grindel scharf. "Mit schwerem Herzen und nach langer Überlegung werde ich wegen der jüngsten

Ereignisse nicht mehr für Deutschland auf internationaler Ebene spielen so lange ich dieses Gefühl von Rassismus und Respektlosigkeit verspüre", teilt er via Twitter seinen Rücktritt aus der Fußball-Nationalmannschaft mit (146).

In einem offenen Brief legt der Fußballer nach.

„Diverse deutsche Zeitungen nutzen meinen Hintergrund und das Foto mit Präsident Erdogan als rechte Propaganda, um deren politische Haltung zu unterstützen"

„Ich wurde von Bernd Holzhauer (ein deutscher Politiker) als 'Ziegenficker'...bezeichnet". „Außerdem sagte mir Werner Steer (Chef des Deutschen Theaters), dass ich mich 'nach Anatolien verpissen' soll'.

„Leute mit rassendiskriminierendem Hintergrund sollten nicht im größten Fußball-Verband der Welt arbeiten dürfen, der viele Spieler mit zwei Heimatländern hat" (147).

Özil „hat fertig" - und der Deutsche Fußball-Bund in dieser unsäglichen Posse enorm an Ansehen verloren.

Hätte man den Spieler nicht in den WM-Kader berufen, wäre dieser Imageverlust wohl zu vermeiden gewesen. Nur hat man in der Chefetage offenbar nicht den Schneid besessen, den feinen Techniker mit durchaus schwankenden Leistungen zu Hause zu lassen.

Nicht zuletzt auch deswegen, um in Zeiten der Willkommens-kultur kein falsches Zeichen zu setzen.

Wie groß wäre der Aufschrei im alemannischen Willkommens-schlaraffenland wohl gewesen, hätte man auf die Dienste des Arsenal-Profis verzichtet?

War es statt sportlicher Erwägungen also falsch verstandene Solidarität in Zeiten, in denen Willkommenskultur überall in unserem Lande eingefordert wird, die Özil auf den WM-Zug aufspringen ließ? Wollte man sich, weil es sich geradeso schickt, pro Migrationshintergrund positionieren?

In Frankreich oder Italien wäre ein Fußballspieler, der einen Fauxpas wie Mesut Özil begeht, wohl unmittelbar aus der Nationalmannschaft gestrichen worden. In Deutschland gibt man ihm die Bühne, sein Foto mit dem türkischen Staats-präsidenten dazu zu nutzen, selbst Rassismus in seinem Heimatland anzuprangern und den Deutschen Fußball-Bund zu verunglimpfen. Das hätte sich der DFB durch Konsequenz ersparen können.

Zudem ein Mesut Özil. mein rein subjektives Empfinden, zu keinem Zeitpunkt seiner Fußballerkarriere für die deutsche Nationalmannschaft unersetzlich schien.

Der Deutsche Fußball-Bund hat hier ein klassisches Eigentor geschossen. Wäre er Özil zuvorgekommen und hätte ihn nicht für die Weltmeisterschaft nominiert, wäre das in Anbetracht des Schnappschusses mit dem türkischen Staatspräsidenten durchaus nachvollziehbar gewesen.

So steht der Verband hier eindeutig als Verlierer da und erleidet einen immensen Imageverlust. Der Rassismus-Vorwurf des Spielers wirkt lange nach.

Zudem hat das inkonsequente Verhalten des DFB im Falle Özil nicht unwesentlich dazu beigetragen, dass Klima in Deutschland, die Asylpolitik betreffend, weiter anzuheizen.

Jerome Boateng und Mesut Özil – beide Fälle zeigen, wie extrem Prominente die politische Stimmung in Deutschland, gerade in der Flüchtlingsfrage, beeinflussen können. Politiker oder Verbandsobere agieren - und die Bevölkerung bezieht Stellung, sie positioniert sich. Pro oder contra „Promi". Ausländerfreunde hier – Rassisten dort.

Der Umgang mit prominenten Migranten und Flüchtlingen ist in Zeiten wie der unseren ein ganz entscheidender Faktor, der das Klima in unserer Bevölkerung wesentlich determiniert.
Er verlangt ein dementsprechend großes Maß an Sensibilität.

Die Fronten in Deutschland verhärten sich, die Aversionen zwischen diesen und jenen werden immer größer.

Dilettantische Auftritte wie die der Herren Gauland auf der einen Seite sowie Grindel, Bierhoff und Löw auf der anderen, tragen nicht unwesentlich dazu bei.

26

Droht unserem Land eine Überfremdung?

Es ist schon paradox: Da fahren wir wahnsinnig gern in fremde Länder, aber sobald Fremde uns in unserem Land näherkommen, sobald sie in Deutschland leben, haben viele von uns ein Problem mit ihnen, fürchten wir uns vor Überfremdung. Klar ist: fremd macht Angst. Entsteht das Gefühl der Überfremdung also aus der Angst vor dem Unbekannten?

Angst ist ein Grundgefühl, das sich in als bedrohlich empfundenen Situationen als Besorgnis und unlustbetonte Erregung äußert. Auslöser können dabei erwartete Bedrohungen, etwa der körperlichen Unversehrtheit, der Selbstachtung oder des Selbstbildes sein. Der Begriff Angst hat sich seit dem 8. Jahrhundert von indogermanisch anghu (beengend) über althochdeutsch angust entwickelt. Er ist verwandt mit lateinisch angustus bzw. angustia, stehend für Enge, Beengung, Bedrängnis (148).

Angst zu haben ist also eine ganz natürliche Reaktion auf etwas, das als bedrohlich empfunden wird.

Sie bezieht dabei sich fast immer auf etwas, was passieren KÖNNTE und nicht auf eine unmittelbare, konkrete Gefahr, der der Mensch sich im Jetzt ausgesetzt sieht. Allein die Vorstellung, dass etwas passieren könnte, führt zur Stressreaktion, der Körper kann nicht zwischen Furcht und der tatsächlichen Bedrohung unterscheiden (149). Angst entsteht, wenn auf auslösende Stimuli eine übermäßige Stressreaktion folgt. Das ist ein wichtiger Schutzmechanismus des Körpers, wenn die Reaktion angemessen ist. Ist die Angst nicht mehr kon-trollierbar und sind Betroffene länger solch extremen Stress-reaktionen ausgesetzt, führt dies zu Veränderungen, die sich ungünstig auf den Körper auswirken. Solche Modifikationen können das Gehirn beeinflussen, die Entwicklung von Zellen zeitweise bestimmen und sich ungünstig auf das Immun-system auswirken. Das fanden Forscher des Helmholtz Zentrums München und des Max-Planck-Instituts für Psychiatrie heraus (150).

Wodurch entsteht nun die Angst vor dem Fremden, die Angst vor Flüchtlingen? Glauben die Menschen in unserem Land, die Zuwanderer würden ihnen etwas wegnehmen? Sie würden uns ausbeuten und unsere Sozialsysteme missbrauchen?

Ist es die Furcht vor Übergriffen und Gewalttaten? Das alles mag eine Rolle spielen, aber die Ursachen liegen wohl weitaus tiefer. Aus psychologischer Sicht verhält es sich nämlich so, dass Angst vor dem Fremden dadurch entsteht, dass wir das, was uns in unserer Psyche selber fremd ist, auf das Fremde, auf die Fremden, projizieren. Dem Fremden schreiben wir im Grunde genommen all das zu, was uns Angst macht in uns selber und was wir eigentlich bei uns nicht haben wollen. Das Fremde macht Angst und das Fremde lässt einen feindselig werden, man will es vertreiben. Je unsicherer wir sind, je schlechter unser Selbstwertgefühl ist, je weniger wir das Gefühl haben, dass wir dem Leben gewachsen sind, umso eher müssen wir das Fremde abwehren als etwas, das uns noch zusätzlich verstört. Im medizinischen Sinn kann man Xenophobie demnach als Angsterkrankung sehen (151). Die Frage ist, ob man diese Angst vor Überfremdung angesichts der nicht enden wollenden Flüchtlingsströme in unseren Städten wirklich haben muss.

Um sich einer Antwort anzunähern, gilt es zuerst zu klären: Was ist das überhaupt – Überfremdung?

Überfremdung ist ein politisches Schlagwort, das im deutschen Sprachraum ein scheinbares Übergewicht von als fremd und schädlich bewerteten Einflüssen auf Gesellschaft, Kultur, Nation oder Sprache bezeichnet (152). Der Begriff Überfremdung drückt eine Abwehrhaltung gegen die Einwanderung von Ausländern aus. Dahinter steht die Vorstellung, die ausländische Wohnbevölkerung könnte die Identität und Sicherheit im eigenen Land gefährden. Wird in Deutschland die Frage diskutiert, ob eine Überfremdung im Land bereits herrscht oder aber zumindest droht, entstehen meist hitzige Diskussionen. Um diese auf einer sachlichen Ebene zu führen, helfen weder Schönreden noch Polemik. Zielführend ist es vielmehr, zunächst eine Betrachtung der nackten Fakten vorzunehmen und sich anschließend die Situation in den Städten anzuschauen.

Also los. Beginnen wir mit der Ausländerstatistik:
Ende 2015 lebten 81,2 Mio. Menschen in unserem Land (153), 9,1 Mio. davon waren Ausländer (154). Dies entspricht einem prozentualen Anteil von 11,2 %.
Im Folgejahr waren von 82,4 Mio. Menschen 10,0 Mio und damit 12,13 % keine deutschen Staatsbürger (155).

Anno 2017 lauteten die Zahlen 82,5 Mio, 10,6 Mio. und 12,84%% (156).

2018 schließlich lebten 10,9 Mio. Ausländer in einer Bevölkerung von 82,8 Mio. Menschen, und machten damit 13,1% der Gesamtbevölkerung Deutschlands aus (157).

Die Bevölkerungsentwicklung seit Beginn der Flüchtlingskrise zeigt, wie nicht anders zu erwarten, einen stetig steigenden Ausländeranteil, also einen Zuwachs an Menschen, die eine andere Staatsangehörigkeit als die deutsche haben, an der Gesamtbevölkerung Deutschlands.

Erweitern wir unsere Betrachtung nun um das soziale Merkmal Migrationshintergrund.

Dieses beschreibt Personen, die selbst oder deren Vorfahren aus einem anderen Staat eingewandert sind oder soziale Gruppen, die aus eingewanderten Personen oder deren Nachkommen bestehen. Der Begriff wird uneinheitlich verwendet. In Deutschland bezeichnet er derzeit Personen, die selbst oder deren Vater oder Mutter nicht mit deutscher Staatsangehörigkeit geboren wurden (158).

Betrachtet man die Entwicklung der Bevölkerung mit Migrationshintergrund in Deutschland, kommt man dann zu dem gleichen Ergebnis wie beim Vergleich der Zuwachszahlen für Ausländer?

Auch hier die Zahlen seit 2015.

Rund 17,1 Millionen besitzen im Jahr 2015 Migrationshintergrund, was einem Anteil der Bevölkerung mit Migrationshintergrund an der Gesamtbevölkerung 21,0 % entspricht (159).

Anno 2016 haben 18,6 Millionen Menschen in Deutschland einen Migrationshintergrund. Der Anteil der Bevölkerung mit Wurzeln in anderen Ländern liegt bei 22,5 Prozent (160).

Im Jahr 2017 leben 19,3 Millionen Frauen, Männer und Kinder mit ausländischen Wurzeln in der Bundesrepublik. Der Anteil an der Gesamtbevölkerung liegt bei 23,6 Prozent (161).

2018 entsprechen 20,8 Millionen Personen mit Migrationshintergrund einem Bevölkerungsanteil von 25,5% an der Gesamtbevölkerung (162). Auch die Zahl der Menschen mit Migrationshintergrund in Deutschland ist also seit Beginn der Zuwanderungswelle 2015 von Jahr zu Jahr gestiegen.

Soweit die Fakten.

Vor diesem Hintergrund zu behaupten, dass Deutschland, was den prozentualen Anteil an Ausländern und Migranten betrifft, keine Überfremdung droht, ist schlicht und ergreifend sachlich falsch. Setzt sich die Entwicklung der letzten Jahre fort, werden deutsche Bürger im eigenen Land auf kurz oder lang unterrepräsentiert sein. Man mag unterschiedlicher Ansicht sein, ab welchen Prozentzahlen von einer Überfremdung gesprochen werden sollte. Das eine solche bei fortwährender Zuwanderung eintreten wird, ist angesichts der Tatsache, dass in Deutschland bereits heutzutage jeder achte Mensch Ausländer ist und schon ein Viertel der Bevölkerung einen Migrationshintergrund hat, wohl kaum zu bestreiten.

Der Migrationsforscher Jens Schneider von der Universität Osnabrück diagnostiziert einen entsprechenden – in vielen Ländern zu verzeichnenden – Trend, wonach die bisherige Mehrheitsgesellschaft ihre zahlenmäßige Dominanz zu verlieren droht.

„Wir haben mit Frankfurt tatsächlich eine Stadt die 2016 die 50 Prozent Hürde genommen hat. Aber wir haben einige Städte, die da relativ flott hinterherkommen und wo es nur eine Frage von einigen wenigen Jahren sein wird, bis die die 50 Prozent Hürde knacken werden, während das in Hamburg oder Berlin noch ein bisschen länger dauern wird" (163).

Alles (noch) graue Theorie, kommen wir zum wirklichen Leben.

Wie sieht es in den Städten aus? Gibt es dort schon Anzeichen von Überfremdung? Fühlen sich die Menschen angesichts der Massenzuwanderung im eigenen Land bereits überfremdet?

Es hat den Anschein, als sei das Gefühl der Überfremdung in Deutschland spätestens seit Beginn der Flüchtlingskrise tief verwurzelt.

So lässt das Ergebnis der Autoritätsstudie der Universität Leipzig Hoffnung bei allen Heimatliebenden aufkommen. Jeder dritte Deutsche hält laut dieser repräsentativen Umfrage die Bundesrepublik durch Ausländer in einem gefährlichen Maß überfremdet (164).

Bundesweit stimmt sogar mehr als die Hälfte der Befragten (55 Prozent) der Aussage zu: "Durch die vielen Muslime hier fühle ich mich manchmal wie ein Fremder im eigenen Land."

Laut Studienleiter Elmar Brähler sind dabei interessanterweise die "Überfremdungsängste dort stärker, wo weniger

Ausländer leben" (165).

Viele Deutsche fühlen sich also bereits heute überfremdet. Aber woran machen sie dieses Gefühl fest?

Daran, dass die Kinder von der Schule nach Hause kommen und plötzlich arabisch statt deutsch sprechen? Dass die Gartenzwerge im Vorgarten auf einmal Kopftuch tragen? Dass ein Drittel der Kollegen in der Mittagspause Köfte statt einem „halven Hahn" verspeist? Dass zunehmend Autos mit Fenerbahce- und Galatasaray-Aufklebern statt der Vereinswappen von Bayern, Schalke und dem BVB unsere Straßen bevölkern? Dass -auch in der Karnevalszeit- zunehmend Musik von Ali al-Deik, Omar Souleyman oder Mashrou' Leila statt den Gassenhauern von Höhnern, Bläck Fööss und Brings aus den Schrebergärten (ist an meinem Wohnort wirklich so...) schallt?

Das alles kann befremdend auf uns wirken, weil wir es halt einfach nicht kennen. Das Unbekannte ist uns fremd, auch im eigenen Land.

Lebt man in einer Millionenstadt mit entsprechend hohem Ausländeranteil, kann man sich fremdländischen Einflüssen kaum entziehen. Wenn ich Samstagmorgen auf dem Markt in

Porz-Eil meine Lebensmittelvorräte für die kommende Woche einkaufe, beim Schlendern über den Markt stetig mit türkischer Musik berieselt werde, es bereits um 09:00 verführerisch nach Hähnchendöner riecht, und ich alle paar Meter Oliven, Obst oder Nüsse kosten darf, fühlt sich das - zumindest bei entsprechendem Wetter- beinahe an wie Urlaub. Man kann das mögen oder auch nicht – Tatsache ist, einige Kölner Stadtviertel sind bereits jetzt überfremdet. Hier vernimmt man auf der Straße kaum mehr ein deutsches Wort, findet keine einheimischen Geschäfte und ist als Deutscher eher die Ausnahme in den Straßen und Gassen. Als Einwohner einer deutschen Großstadt kann man sich des Gefühls einer beginnenden Überfremdung kaum erwehren. Wobei ich dem unmittelbar hinzufügen möchte, dass ich den Begriff „Überfremdung" völlig wertfrei sehe und keinesfalls nur negativ. Ich persönlich mag es sogar sehr, dass man sich manchmal fühlt wie in einem fremden Land, wenn man durch die Kölner Viertel streift.

Allerdings finde auch ich es traurig, wenn zunehmend urige „kölsche" Kneipen schließen, wenn dort, wo früher in Ehrenfeld die Gaststätte „Schmitz-Uhsner" zum Frühschoppen einlud, heute „Adnan Kebap" Döner, Lahmacun &Co. verkauft.

In der Mülheimer Keupstraße, gleichfalls fest in türkischer Hand, flaniert man zwischen Juwelieren, Brautmodengeschäften und Call-Shops entlang, als wäre man in Ankara. Selbst auf das heiß geliebte Kölsch muss man verzichten, weil es in von Muslimen betriebenen Lokalen oftmals nicht, oder wenn, dann völlig überteuert, angeboten wird. In der Taunusstraße in Gremberg, wo vorwiegend Marokkaner und Tunesier Gemüseläden, Kaffeebars und Imbisse betreiben und das Leben vorwiegend auf der Straße stattfindet, kann man nordafrikanisches Flair genießen.

Egal, ob Türken, Nordafrikaner oder Zuwanderer aus dem Nahen Osten - selbstverständlich versuchen unsere ausländischen Mitbürger, auch abseits vom Geschäftsleben ihre Bräuche, ihre Traditionen fernab von der Heimat zu leben, so gut es eben geht. Geschlechtertrennung beim Picknick, hier die Frauen, fünfzig Meter weiter die Männer, Menschen, die in lauen Sommernächten noch mitten in der Nacht auf der Straße vor ihren Häusern sitzen. In gewissen Kölner Stadtteilen sind Zuwanderer bereits heute deutlich überrepräsentiert.

Allerdings hat Köln stolze 86 Stadtviertel – besuchen sie Rodenkirchen, Lövenich oder Lindenthal, und sie werden von einer Dominanz ausländischer Mitbürger nichts spüren.

Von Überfremdung zu sprechen, halte ich demnach, was Köln betrifft, noch für verfrüht. Es wird noch eine Zeit dauern, bis sich die Zusammensetzung der Bevölkerung dahingehend verändert hat, dass die meisten Stadtviertel eine ähnliche Entwicklung genommen haben, wie es in Köln Mülheim, Ehrenfeld, Gremberg, Kalk und das „Klingelpütz" (ehemaliges Kölner Gefängnis)-Viertel bereits getan haben. Aber die Tendenz geht eindeutig in diese Richtung. Schreibt man die Entwicklung in den Großstädten fort, kann man kaum zu einem anderen Schluss kommen. Das zu verleugnen, ist einfach lächerlich.

Sowohl die Zahlen der Bevölkerungsstatistik als auch die beobachtete Entwicklung in den Städten lassen eindeutig darauf schließen, dass die Entwicklung in unserem Lande in Richtung Überfremdung geht.

Mehr und mehr wird der Einfluss fremdländischer Kulturen auf die Gesellschaft in unserem Land sichtbar. Flüchtlinge können Gesellschaften verändern.

Ob man das nun gutheißt oder auch nicht. Jeder Politiker, der dies bestreiten will, sei herzlich nach Köln eingeladen.

27

Hat man in Deutschland noch das Recht auf freie Meinungsäußerung?

Das Recht auf freie Meinungsäußerung ist eines der wesentlichen Merkmale eines demokratischen Staates. Noch unter dem Eindruck des Kriegsgeschehens wurde es bereits kurz nach dem Zweiten Weltkrieg in die Allgemeine Erklärung der Menschenrechte (AEMR) aufgenommen. Die AEMR ist eine rechtlich nicht bindende Resolution der General-versammlung der Vereinten Nationen zu den Menschen-rechten. Sie wurde am 10. Dezember 1948 im Palais de Chaillot in Paris verkündet. Die Menschenrechtserklärung besteht aus 30 Artikeln. Diese enthalten grundlegende Ansichten über die Rechte, die jedem Menschen zustehen sollten, „ohne irgendeinen Unterschied, etwa nach Rasse, Hautfarbe, Geschlecht, Sprache, Religion, politischer oder sonstiger Überzeugung, nationaler oder sozialer Herkunft, Vermögen, Geburt oder sonstigem Stand." und unabhängig davon, in welchem rechtlichen Verhältnis er zu dem Land steht, in dem er sich aufhält (166). In Artikel 19 der AEMR steht zu lesen: „Jeder hat das Recht auf Meinungsfreiheit und freie

Meinungsäußerung; dieses Recht schließt die Freiheit ein, Meinungen ungehindert anzuhängen sowie über Medien jeder Art und ohne Rücksicht auf Grenzen Informationen und Gedankengut zu suchen, zu empfangen und zu verbreiten".

Der Passus schützt das Recht jedes Menschen auf freie Meinungsäußerung einschließlich des Rechts, seine Meinung zu verbreiten und die Meinungen anderer zu hören. Damit verbietet Artikel 19 eine staatliche Zensur und schützt als Bestandteil der Meinungsbildungs-freiheit die Informationsfreiheit, das Recht zur Informationsaufnahme.

Die Freiheit der Meinungsäußerung ist dabei allerdings nur im Rahmen der anderen Menschenrechte geschützt. Sie findet daher ihre Grenze, wenn sie die Ehre anderer Menschen verletzt, oder zur Verletzung ihrer körperlichen Integrität oder ihrer Freiheit aufruft. Rassismus und Gewaltverherrlichung sind damit von der Meinungsfreiheit nicht gedeckt (167).

Im Grundgesetz der Bundesrepublik Deutschland ist das Recht auf freie Meinungsäußerung in Artikel 5GG geregelt. Der Wortlaut: Jeder hat das Recht, seine Meinung in Wort, Schrift und Bild frei zu äußern und zu verbreiten und sich aus allgemein zugänglichen Quellen ungehindert zu unterrichten.

Die Pressefreiheit und die Freiheit der Berichterstattung durch Rundfunk und Film werden gewährleistet. Eine Zensur findet nicht statt.

Diese Rechte finden ihre Schranken in den Vorschriften der allgemeinen Gesetze, den gesetzlichen Bestimmungen zum Schutze der Jugend und in dem Recht der persönlichen Ehre.

Rein juristisch betrachtet, ist der Sachverhalt also eindeutig: in Deutschland kann man, sofern man nicht andere gesetzliche Regelungen tangiert, sagen, was man denkt.

So weit, so gut. Nur: Fühlt sich das in unserem Land unter dem Einfluss der Flüchtlingskrise auch noch so an?

Eine Befragung des Instituts für Demographie Allensbach aus dem Sommer 2019 fördert zutage, dass rund zwei Drittel der deutschen Bevölkerung der Ansicht sind, man müsse heute sehr genau aufpassen, zu welchen Themen man sich wie äußert. Von den 1.283 Befragten gaben 63 Prozent an, es gebe viele ungeschriebene Gesetze, welche Meinungen akzeptabel und welche tabu seien. Zu den heiklen Themen gehören Flüchtlinge, Islam, Nazizeit und Juden sowie Rechtsextremismus und Patriotismus. Auch über Homosexualität und "gender"-Themen, also frauen- bzw. männerspezifische

Sachverhalte, könne man sich nur mit Vorsicht äußern. 41 Prozent sagen, die Political Correctness werde übertrieben.

Die Mehrheit sieht die Meinungsfreiheit zwar insgesamt als gesichert an, jedoch mit stark themenbezogenen Einschränkungen. Vor allem im Internet und in der Öffentlichkeit ist man hierzulande durchaus vorsichtig mit dem, was man von seinem Fühlen und Denken preisgibt.

57 Prozent der Befragten sind "genervt" von den sozialen Vorschriften und Normen, mit denen sie sich in unserem Land konfrontiert sehen. Und ein Drittel der Bürger ist der Ansicht, dass freie Meinungsäußerung nur noch im privaten Kreis möglich sei. Unter Freunden fühlen sich 59% der Bürger sicher, sich frei äußern zu können. Nur 4% sehen den privaten Kreis so, dass man sich bei vielen Themen besser zurückhalten sollte (168).

Im privaten Kreis darf man sich nach Meinung einer knappen Mehrheit der Befragten also noch frei von der Leber weg äußern. Das mag für viele Themen zutreffend sein, was die Asyl- und Flüchtlingsfrage betrifft, muss ich in diesem Punkt deutlich widersprechen. Denn diese Thematik berührt in ganz besonderem Maße auch die soziale, die moralische

Komponente. Mit Beginn der Flüchtlingskrise, so hat man den Eindruck, ist es in unserem Land ein ungeschriebenes Gesetz, dass derjenige, der sozial integriert, der geschätzt, der geachtet werden und am gesellschaftlichen Leben partizipieren will, kaum eine andere Wahl hat, als sich in die große Schar der vorbehaltlosen Willkommenskulturler einzureihen.

Schießt man diesbezüglich quer, äußert man auch nur den Anflug von Bedenken, was die Massenzuwanderung betrifft, thematisiert man entgegen dem Mainstream auch einmal das Fehlverhalten einzelner Zuwanderer, ist es vorbei mit der Herrlichkeit. Man wird zum Außenseiter, stigmatisiert als Fremdenhasser, als Rechter, als Nazi.

Dies ist naturgemäß besonders in meiner Heimatstadt der Fall. Köln – seit jeher kunterbunt, Stadt der Lesben und Schwulen, des Karnevals und … der Willkommenskulturler.

Am 9.November 1992 versammeln sich 100.000 Menschen auf dem Chlodwigplatz. Künstler der Kölner Musikszene haben zu einem Konzert „gegen Rassismus und Neonazis" aufgerufen. Vorausgegangen ist eine Welle von Übergriffen mit ausländerfeindlichem Hintergrund.

Die AG Arsch huh (siehe Kapitel 24) wird gegründet, die

seitdem immer wieder Projekte und Initiativen gegen rechts unterstützt.

Am 20. September 2008 gibt es unter dem Motto „Köln stellt sich quer" eine Neuauflage der Aktion auf der Domplatte in Köln. Anlass ist der Versuch der Wählergruppe Pro Köln, in Köln ein als „Anti-Islamisierungs-Kongress" bezeichnetes europaweites Treffen von Rechten und Rechtsextremen zu inszenieren. 16 Jahre nach dem ersten, inzwischen legendären „Arsch-huh"-Konzert versammeln sich wieder zehntausende Menschen in der Kölner Innenstadt, um ein Zeichen gegen Rechtsextremismus zu setzen. Das Treffen der Rechten wird so verhindert.

Zum 20. Jahrestag gibt es am 9. November 2012 eine weitere Kundgebung mit Konzert, die sich dem Thema soziale Gerechtigkeit widmet. Veranstaltungsort ist die „Deutzer Werft", eine Freifläche zwischen Deutzer Brücke und Severinsbrücke entlang des Rheins. Die Anzahl der Besucher beläuft sich auf rund 75.000 (169).

Arsch Huh – ohne Zweifel eine bemerkenswerte Initiative, von der viele Menschen in der Domstadt behaupten „su jet jitt et nur in Kölle" (so etwas gibt es nur in Köln).

Da ist etwas dran, steht doch die Metropole am Rhein seit jeher im Ruf, in besonderem Maße weltoffen und liberal zu sein, Flagge zu zeigen, wenn es darauf ankommt. Schade nur, dass meine Heimatstadt als Preis für die eingeforderte Willkommenskultur einen wesentlichen Teil ihrer Tugenden im Rahmen der Flüchtlingskrise einzubüßen droht.

Früher rühmte sich Köln, eine Stadt zu sein, in der jeder „nach singer Fassong" reden darf, in der man seine, wie auch immer geartete Meinung offen äußern kann. Diese Zeiten sind seit der Flüchtlingskrise endgültig vorbei. In einer Stadt, in der die vorbildliche „Arsch Huh"-Kampagne zu Hause ist, ist für Ansichten abseits des uneingeschränkten Willkommenheißens von Flüchtlingen in beliebiger Anzahl und jedweder Coleur kein Platz. GERADE IN KÖLN darf man keine Kritik an ausländischen Mitbürgern üben. Ist schnell ein Nazi, wer nicht uneingeschränkt seinen Hintern für Flüchtlinge erhebt.

Köln ist offen für alles? Das war einmal. Wahrscheinlich gibt es keine zweite deutsche Stadt, in der Willkommenskultur derart propagiert wird wie am schönen Rhein.

Will man in Köln leben, muss man vorbehaltlos pro Flüchtlinge sein. Zumindest dann, wenn man nicht ein

Außenseiterdasein fristen oder Gefahr laufen will, beim Bäcker oder in der Kneipe schief angeschaut zu werden. Der erhobene Zeigefinger ist in Köln allgegenwärtig. Auch, weil die politischen, kulturellen und sportlichen Größen der Stadt nicht müde werden, Kritiker der deutschen Flüchtlingspolitik zu attackieren und Rechtsradikalismus anzuprangern. So richtig das prinzipiell ist, in Köln kann man sich bisweilen des Eindrucks nicht erwehren, dass es des Guten ein bisschen zu viel ist. Weil nicht nur für übertriebenen Nationalismus, sondern auch für Hinterfragende, für gemäßigt Andersdenkende, kein Platz in der „Arsch-Huh-Gemeinde" ist.

„Do bes Kölle, do bes supertolerant" (Hit von Tommy Engel aus dem Jahr 2006) – diese Zeiten scheinen vorbei.

„Supertolerant" ist man in Köln in der Flüchtlingsfrage nur dann, wenn es um die Zuwanderer geht. Deren Verfehlungen thematisiert man in Deutschland nur höchst ungern – und in Köln am liebsten gar nicht.

Die Bundesrepublik Deutschland rühmt sich, als eines der liberalsten Länder diese Welt zu gelten. Zurecht. Gerade in Deutschland wird immer wieder betont, wie stolz man darauf ist, dass man hierzulande sagen kann, was man will. Und manchmal auch ein bisschen mehr, siehe Kapitel 22.

Das Recht auf freie Meinungsäußerung ist ein überaus wertvolles Gut für das Funktionieren einer Demokratie und im Grundgesetz verankert. Umso bedauerlicher, dass es in unserem Land spätestens seit Ausbruch der Flüchtlingskrise nur noch de jure in Anspruch genommen werden kann.

Faktisch ist es dann, wenn man sozial geächtet wird, sobald man Kritik an der deutschen Willkommenskultur äußert, nicht mehr gegeben.

Die soziale Kontrolle nimmt zu, im öffentlichen wie im privaten Bereich. Wenn man nicht einmal die Übergriffe von Zuwanderern auf einheimische Bürger sachlich thematisieren darf, ohne als Fremdenhasser gebrandmarkt zu werden, kann man kaum mehr von einem Recht auf freie Meinungsäußerung sprechen.

Viel schwerer als dieses wiegen die ungeschriebenen Gesetze der Gesellschaft, die soziale Normen hervorbringt und damit diktiert, was man wo und wie sagen darf und was nicht. Insbesondere in der Flüchtlingsthematik. Diese ist trotz der viel gepriesenen Meinungsfreiheit, derer sich Deutschland beständig rühmt, nach wie vor ein Tabu, eine „heilige Kuh".

Über dieses Thema frei zu sprechen, es aus verschiedenen Blickwinkeln zu betrachten, verbietet die politische Korrektheit. Die Gedanken sind frei? Das sind sie in unserem Lande spätestens seit Beginn der Flüchtlingskrise nur noch dann, wenn man sie für sich behält.

28

Können wir uns so viele Flüchtlinge wirklich leisten?

Die Flüchtlingskrise seit Herbst 2015 ist der gravierendste politische Vorgang seit der Wiedervereinigung.

Neben den vielfältigen gesellschaftspolitischen Fragestellungen werden in Deutschland auch immer wieder die Kosten des hohen Zustroms an Flüchtlingen öffentlich diskutiert.

Flüchtlinge zu schützen ist nach zwei Weltkriegen nicht nur kulturelles Selbstverständnis in Europa, sondern durch das Asylgrundrecht und das Völkerrecht, wie wir in Kapitel vier und fünf gelernt haben, auch juristisch verbindlich.

Trotzdem stellt sich manch' einer infolge der immensen Zuwanderungszahlen der letzten Jahre die Frage: Was kosten uns die Flüchtlinge eigentlich? Und kann sich Deutschland die Flüchtlinge wirklich leisten?

Entgegen anders lautender Meldungen zu Beginn der Flüchtlingskrise: Es sind eben letztendlich doch keine Zahnärzte, Anwälte und Atomwissenschaftler, sondern überwiegend unterqualifizierte Zuwanderer, die sich auf-machen ins gelobte Land. In dem der Lebensstandard ohne Arbeit höher ist als in vielen Herkunftsländern mit Beschäftigung.

Und dass es sich leisten kann, EU-Migranten für daheim gebliebene Sprösslinge Kindergeld in stattlicher Größenordnung von 343 Millionen Euro pro Jahr ins Ausland zu überweisen.

Dass diese Menschen im Lebenszyklus bei Weitem nicht das an Steuern zahlen, was sie vom Sozialstaat in Deutschland an Leistungen erwarten dürfen, ist für viele Experten so sicher wie das Amen in der Kirche.

Zwischen 350.000 und 450.000 Euro pro Flüchtling beziffert Bernd Raffelhüschen, Professor für Finanzwissenschaft von der Universität Freiburg, die Kosten „bis zu dem Zeitpunkt, wo der letzte Zugewanderte als hundertjähriger Pflegefall stirbt" (170).

Inzwischen liegen etliche Kostenschätzungen vor, die sich hinsichtlich Methodik und Annahmen signifikant unterscheiden und deren Ergebnisse dementsprechend stark variieren.

Optimisten vertreten die Ansicht, dass Zuwanderer und vor allem Flüchtlinge in den ersten Jahren nach ihrer Ankunft den

Staat zwar erst einmal Geld kosten, langfristig aber die überwiegende Mehrheit von Ihnen im Arbeitsmarkt ankommt und dann teils über Jahrzehnte Steuern und Sozialabgaben zahlt.

Und dies dann in deutlich größerem Umfang, als sie anfangs an Transferleistungen erhalten hat (171).

In einem finanzökonomischen Modell über die Auswirkungen der Migrationsbewegungen auf die öffentlichen Haushalte aus fiskalischer und gesamtwirtschaftlicher Perspektive wurden verschiedene Szenarien durchgespielt.

Aus der fiskalischen Perspektive sind sowohl die erhöhten öffentlichen Ausgaben für Unterbringung, Versorgung sowie schulische und berufliche Ausbildung der Flüchtlinge zu berücksichtigen, als auch die mittel- bis langfristig von den erwerbstätigen Flüchtlingen zu leistenden Steuern und Abgaben. Dadurch lässt sich eine sogenannte „fiskalische Rendite" der Flüchtlingsbewegungen ermitteln. Diese ist in allen Szenarien in den kommenden 20 Jahren negativ, da die Steuern und Abgaben der erwerbstätigen Flüchtlinge auch langfristig nicht die Kosten für die öffentlichen Haushalte kompensieren können.

Die gesamtwirtschaftliche Perspektive berücksichtigt neben den Effekten der Flüchtlinge auf die öffentlichen Haushalte deren künftig zu erwartenden Beiträge zur Bruttowertschöpfung beziehungsweise zum Bruttoinlandsprodukt.

Die Belastungen der öffentlichen Haushalte werden als Investition in die künftige Produktivität der Flüchtlinge interpretiert.

Vor diesem Hintergrund soll der Saldo zwischen den durch die Flüchtlinge induzierten Kosten und den Beiträgen der erwerbstätigen Migranten zur Bruttowertschöpfung in den Szenariorechnungen als „ökonomische Bilanz" definiert werden.

Die Simulationsrechnungen verdeutlichen, dass die fiskalischen Belastungen mittel- bis langfristig durch die zusätzliche Wertschöpfung der Flüchtlinge überkompensiert werden können (172).

Die Zeit wird zeigen, welche Modellrechnung der Realität am nächsten kommt. Vielleicht geht die Rechnung derer, die zu Beginn der Flüchtlingskrise nicht müde werden, zu betonen, dass Deutschland von den Zuwanderern letztendlich auch finanziell profitieren wird, entgegen aller Erwartungen ja doch auf.

Allerdings beziehen Ende 2018, aller Bemühungen, die Zuwanderer in den Arbeitsmarkt zu integrieren, zum Trotz, zwei von drei Geflüchteten der Bundesagentur für Arbeit zufolge Hartz IV. 603.000 Personen erhalten Grundsicherung, obwohl sie erwerbsfähig waren.

Hinzu kommen 386.000 Kinder und Menschen, die nicht mehr erwerbsfähig sind und ebenfalls Grundsicherung erhalten. Insgesamt sind 15 Prozent aller Leistungsbeziehenden in Deutschland Flüchtlinge (173). Auch im Mai 2020 sind weniger als ein Drittel der Zuwanderer in einem sozialversicherungspflichtigen Beschäftigungsverhältnis (174).

Ob sich diese Zahlen in den nächsten Jahren signifikant ändern werden, erscheint fraglich. Tun sie es nicht, sollte die Bundesregierung aufrichtig sein und sagen: Es war aus humanitärer Sicht richtig, in einer Ausnahmesituation Hunderttausenden zu helfen, die vor dem Krieg in Syrien und dem Elend in den Lagern flohen und sich nach Europa aufmachten – aber „rechnen" wird es sich wohl nie.

Finanzminister Wolfgang Schäuble (CDU) jedenfalls will trotz der Flüchtlingsbewegungen, trotz mehr Investitionen und der nicht enden wollenden Brexitdiskussion weiter ohne neue Schulden auskommen. Die „Schwarze Null" und damit ein ausgeglichener Haushalt sollen durchgängig bis zum Jahr 2020 gehalten werden (175).

Die asylbedingten Leistungen des Bundes sollen dabei von aktuell 23 Millionen € sukzessive auf 20,8 Mio.€ (2020), 18,7 Mio€ (2021), 16 Mio€ (2020) bis auf 15,8€ (2023) sinken (176).

Gemessen an der deutschen Wirtschaftsleistung sind 20 Milliarden Euro weniger als 0,7 Prozent. Die Stabilität der Staatsfinanzen ist somit durch die jährlichen asylbedingten Kosten nicht bedroht (177).

Trotzdem wird der „Flüchtlingshaushalt" von einigen deutschen Politikern stark kritisiert.

Der AfD-Abgeordnete Martin Reichardt zum Beispiel spart nicht mit deutlicher Kritik in Richtung Familienministerin Franziska Giffey (SPD) und Kanzlerin Angela Merkel.

„Der Bund gibt dieses Jahr (2018) offiziell 21,39 Milliarden Euro für sogenannte Flüchtlinge aus, bis 2021 jährlich mindestens 15 Milliarden Euro.

Dem steht ein Familienhaushalt gegenüber, dessen Gesamtvolumen zehn Milliarden Euro beträgt.

Dies zeigt eindrucksvoll, dass für die Bundesregierung die Masseneinwanderung vor der Förderung deutscher Familien steht." (178).

Sollten die Zahlen zutreffend sein, darf man sich dieser Kritik durchaus anschließen.

Und was ist erst, wenn die deutsche Wirtschaft an Fahrt verliert und diejenigen, die aktuelle hohe Steuern zahlen, dann weniger aufbringen als in Zeiten des Booms? Wenn die Digitalisierung, wie von Experten prognostiziert, zunehmend Jobs bedroht und die Sozialkosten explodieren? Die Zuwanderer zurückschicken? Das könnte sich als schwierig erweisen, bedenkt man, dass sich selbst die Heimatländer gegen eine Einreise vieler der mit deutschem Steuergeld ausgeflogenen Rückkehrer sperren. Wahrscheinlich nicht ohne Grund (179).

So ermittelt die Braunschweiger Sonderkommission Zentrale Ermittlungen (Soko ZEm) 2016 in mehr als 300 Fällen von Sozialbetrug durch Asylbewerber.

Vorwiegend männliche, meist schwarzafrikanische Asylbewerber haben sich in der Landesaufnahmebehörde Braunschweig mehrfach registrieren lassen und so in unterschiedlichen Kommunen parallel Zuwendungen erhalten. Das berichtet das NDR-Regionalmagazin "Hallo Niedersachsen".

Im Schnitt hätten sich diese Flüchtlinge drei bis vier Identitäten zugelegt, um mehrfach zu kassieren, berichtet Jörn Memenga, Leiter der Soko ZErm. Der Schaden pro Flüchtling und Jahr liege dabei bei bis zu 10.000 Euro, die Polizei geht von einem Gesamtschaden von mehreren Millionen Euro aus (180). Geld, das für andere Projekte fehlt.

Es ist unstrittig, dass Asylbewerber eine erhebliche Belastung für die Wirtschaft und das Sozialsystem in Deutschland darstellen.

Trotzdem: Das Grundrecht auf Asyl und das Völkerrecht sind rechtsverbindlich – um diese Normen umzusetzen, muss Geld bereitstehen. Deutschland ist das wirtschaftlich stärkste Land in Europa, wenn ein Land die durch die Zuwanderung bedingten Zusatzkosten stemmen kann, dann ist es unseres. Das Gebot, Schutzsuchende aufzunehmen, darf keiner Kosten-Nutzen-Rechnung unterliegen.

Die moralische Verpflichtung gegenüber bedrohten und verfolgten Menschen wiegt schwerer als die durch diese bedingten Kostenstrukturen.

Für eine breite Akzeptanz der Aufnahmebereitschaft in der deutschen Bevölkerung ist es jedoch kurzfristig geboten, auch in weitere Problemfelder adäquat zu investieren und nicht etwa andere Bundeshaushalte zugunsten des Asylhaushalts zu vernachlässigen.

Ferner muss dem Sozialbetrug durch Asylbewerber ein Riegel vorgeschoben werden, die Inanspruchnahme von Leistungen sollte strengstens kontrolliert und ein Mehrfachbezug hart geahndet werden. Auch sollte dafür Sorge getragen werden, dass Flüchtlinge bestmöglich in den Arbeitsmarkt integriert werden und sich dadurch mittelfristig refinanzieren.

Langfristig gedacht muss sich die Flüchtlingspolitik daran orientieren, die Zustände in den Krisengebieten zu verbessern. Besser, als das Zuwanderer unsere Sozialsysteme belasten, ist es, in die Entwicklungszusammenarbeit mit den betroffenen Ländern zu investieren. Dort Infrastruktur und Wirtschaft aufzubauen, um den Menschen eine Perspektive zu geben.

Vor diesem Hintergrund ist es bedauerlich, dass Deutschland seiner internationalen Verpflichtung, 0,7% seines

Bruttonationaleinkommens für die Verbesserung der Lebensbedingungen in Schwellen- und Entwicklungsländern auszugeben, nicht gerecht wird. Bislang ist Deutschland dieser Verpflichtung erst ein einziges Mal nachgekommen – und zwar im Jahr 2016.

22,18 Milliarden€ hat Deutschland im Jahr 2017 für Entwicklungszusammenarbeit ausgegeben. Viel Geld, aber mit 0,67% des BNE erneut nicht genug. Wer hier spart, verstärkt die Fluchtgründe.

Damit die ambitionierten nachhaltigen Entwicklungsziele, die unter anderem vorsehen, Armut bis zum Jahr 2030 weltweit in den Griff zu bekommen, noch erreicht werden können, muss vor Ort der Hebel angesetzt werden. Muss die Bundesregierung auch in der Finanz-, Technologie-, Umwelt-, Handels-, Sicherheits- und Migrationspolitik endlich eine effektive Politik betreiben, die vor allem dazu beiträgt, die Lebensbedingungen in ärmeren Ländern zu verbessern (181).

Denn die beste Flüchtlingspolitik ist zweifelsohne jene, die die Menschen davor bewahrt, ihre Heimat überhaupt erst verlassen zu müssen.

29

Profitieren die Flüchtlinge nicht selbst von einer restriktiveren Asylpolitik?

Im Koalitionsvertrag der Großen Koalition erscheint im Jahr 2018 erstmals der Begriff „Ankerzentrum"- er steht für „Zentrum für Ankunft, Entscheidung, Rückführung (AnkER)" und bezeichnet bestimmte Aufnahmestellen für Asylbewerber in Deutschland. In einem Ankerzentrum sollen Flüchtlinge unterkommen, bis sie in Kommunen verteilt oder aber in ihr Herkunftsland abgeschoben werden. Die ersten sieben Ankerzentren entstehen zum 1. August 2018. Es handelt sich um bereits bestehende Einrichtungen in Bayern (Bamberg, Schweinfurt, Deggendorf, Donauwörth, Zirndorf, Regensburg, Manching), deren Bezeichnung geändert wird. Im August entstehen auch Ankerzentren in Sachsen; später zieht das Saarland nach. Manche Einrichtungen anderer Bundesländer, etwa in Baden-Württemberg, heißen zum Beispiel „Landesaufnahmestellen" und werden teils als funktionsgleich mit Ankerzentren betrachtet (182).

Um die Aufgaben – Ankunft, Entscheidung und Rückführung – zu bewältigen, sollen mehrere Institutionen in den Ankerzentren eng vernetzt miteinander arbeiten: Das Bundesamt für Migration und Flüchtlinge (BamF), die Bundesagentur für Arbeit, Jugendämter sowie Ausländerbehörden und Verwaltungsgerichte. Kurze Wege sollen Verfahren beschleunigen, Aufgaben sollen gebündelt werden. Immer wieder kommt es in den Ankerzentren zu gewalttätigen Übergriffen, so dass der Freistaat Bayern schließlich private Sicherheitsdienste einsetzt, um die friedlichen Asylbewerber zu schützen. Der bayerische Innenminister Joachim Herrmann erachtet die Sicherheitskräfte als notwendig, weil von den Flüchtlingen selbst Gewalt ausgehe: "Dass wir überhaupt Sicherheitsdienste benötigen, hängt schon damit zusammen, dass leider jeden Monat eine Vielzahl von Flüchtlingen selbst gewalttätig wird. Wohlgemerkt zunächst einmal untereinander."

Asylbewerber stammen oft aus Ländern, in denen Gewalt Alltag sei, so Herrmann (183).

Nach Deutschland geflüchtete Menschen sind bisweilen in ihren Unterkünften mit verschiedenen Formen von Gewalt konfrontiert – etwa Gewalt gegen Frauen, Kinder, Schwule, Lesben und transgeschlechtliche Menschen, aber auch religionsbezogene Gewalt.

Die Gründe für Diskriminierung und Gewalt in Erstaufnahmeeinrichtungen und Gemeinschaftsunterkünften sind vielfältig und nicht immer klar voneinander zu trennen.

Insbesondere die religionsbezogene Gewalt ist dabei schwer zu erfassen und hat im Wesentlichen zwei Erscheinungsformen: Es gibt zum einen Gewalt, deren Ausübung mit der eigenen Religion begründet wird. So ist oftmals eine Angst vor „Verunreinigung" der eigenen Religion der Auslöser von Gewalttaten. Das gilt insbesondere für Situationen, in denen sich Menschen religiös radikalisieren.

Zum anderen richtet sich Gewalt gegen Personen oder Gruppen aufgrund deren Religion oder Weltanschauung, sie kann beispielsweise nationalistisch, rassistisch oder durch andere radikal-politische Ideologien motiviert sein.

Aus Flüchtlingsunterkünften wird von Fällen religionsbezogener Diskriminierung und Gewalt gegen Christen, insbesondere christliche Konvertiten, Jesiden, Schiiten oder Muslime, die beschuldigt werden, Glaubensregeln nicht ausreichend zu befolgen, berichtet.

Konflikte zwischen Personengruppen unterschiedlicher Herkunft können auch aus anderen Gründen eskalieren, etwa wegen Verständigungsschwierigkeiten aufgrund unterschiedlicher Sprachen, oder wegen der unterschiedlichen Aussichten, in Deutschland rasch als Flüchtling anerkannt zu werden. Zudem können psychologische Gründe hinzutreten: Geflüchtete mit Traumata können in Stress- oder Konfliktsituationen gegenüber Personen mit einer anderen oder keiner Religion gewalttätig werden, ohne dass sich der Grund dazu eindeutig festmachen ließe (184).

Die Gewalt in Flüchtlingsheimen verunsichert die deutsche Bevölkerung. Manch' einer stellt sich -sicher nicht zu Unrecht- die Frage: Wenn die schon untereinander nicht klarkommen und Konflikte vornehmlich durch Gewalt lösen, wie soll das denn erst im Verhältnis zu uns werden? So wachsen Misstrauen und Angst vor den Flüchtlingen. Und dies erschwert die Integration der vielen ehrlichen, guten und fleißigen Menschen, die in Deutschland sesshaft werden wollen. Die Stimmungslage rund um die Asylpolitik wäre sicher eine ganz andere ohne die Missetaten der Zuwanderer, ohne die Flüchtlingskriminalität.

So aber geraten viele zu uns geflüchtete liebe Menschen immer wieder in Misskredit durch die Straftaten Asylsuchender.

Die Bundesregierung reagiert auf die ausufernde Gewalt in Flüchtlingsheimen mit der Bundesinitiative "Schutz vor Gewalt in Flüchtlingsunterkünften", deren Ziel es ist, die Sicherheit von besonders schutzbedürftigen Personengruppen in Flüchtlingsunterkünften zu gewährleisten.

Die Initiative wird vom Bundesfamilienministerium und UNICEF ins Leben gerufen. Mittlerweile haben sich viele national wie international tätige Verbände und Organisationen der Bundesinitiative angeschlossen. Sie alle eint das Ziel, den Gewaltschutz in den Unterkünften kontinuierlich zu verbessern und die Teilhabe und Integration von geflüchteten Menschen in der Gesellschaft zu unterstützen (185).

Da kommen viele Flüchtlinge aus Ländern, in denen sie bedroht und zum Teil gewalttätig angegangen werden, und in der „neuen Heimat" sehen sie sich wieder in einer ähnlichen Situation.

Wäre es nicht allein deswegen auch von Vorteil für die

Zuwanderer, wenn nicht wahllos alle Ausländer Zutritt zum gelobten Deutschland erhielten, sondern jene, die mit unlauteren Absichten und gewaltbereit herkommen, bereits vor der Einreise durch effizientere Kontrollen identifiziert und zurückgeschickt würden?

Wenn in Deutschland lebende kriminelle und gewalttätige Flüchtlinge und jene, die das Asylsystem betrügerisch ausnutzen, schnellstmöglich zurück in die Heimat transferiert werden könnten?

Alles, was dazu führt, dass kriminelle Zuwanderer schneller identifiziert, härter sanktioniert und zügiger außer Landes geschafft werden, kommt letztendlich auch den friedliebenden Zuwanderern zugute.

Schaden die Unholde doch nicht nur Deutschland, der Sicherheit in diesem Land, das die Schutzsuchenden so großzügig aufgenommen hat. Sie schaden auch all' den Flüchtlingen, die hergekommen sind, um hier ehrlich und sicher zu leben. Denn sie verschlechtern das Image all' jener Geflüchteten, die sich engagiert und gesetzestreu um ihre Integration bemühen.

Je weniger gewalttätige Flüchtlinge auffällig werden, desto

schneller sinken die Vorbehalte gegenüber Zuwanderern in der Bevölkerung.

Gleiches gilt für die unzähligen Fälle von Asylbetrug: Manche Flüchtlinge haben dieses Prozedere exzessiv mit bis zu zehn oder zwölf Alias-Identitäten, an verschiedenen Orten und mit verschiedenen Personalien, betrieben (186). Das geht nicht nur den Staatsfinanzen ans Geld, zudem wird Wohnraum finanziert, ohne, dass er bewohnt wird.

Vor allem aber bringt der unrechtmäßige Bezug von Sozialleistungen, ebenso wie die von Flüchtlingen begangenen Gewalttaten, jene in Misskredit, die rechtschaffen in Deutschland leben wollen.

Das sehen bisweilen sogar die Flüchtlinge selbst so und kritisieren ihre Landsleute.

"Mit welchem Recht nehmen sich manche Menschen Sachen raus, die im Grunde genommen das Ansehen aller in Deutschland lebenden Ausländer besudeln?"'' fragt Serge Menga Nsibu, Er lebt in Deutschland, weil seine Eltern einst die Demokratische Republik Kongo verließen. Er fühlt sich hier wohl. Auf seinem Facebook-Kanal lädt er ein Video hoch, in dem er erzählt, dass er gern in Deutschland lebt, weil sich in der Heimat seiner Eltern niemand um die Zukunft der Bürger schert. Serge fordert alle in Deutschland lebenden Ausländer auf: Benehmt Euch!

Er hat einen Nerv getroffen. Und spricht dabei vielen Ausländern aus der Seele. So wie Serge kämpfen viele für ihr Image im Land und setzen ein Zeichen, dass sie Teil ihrer neuen Heimat werden wollen (187).

Auch der bereits erwähnte Cicero-Autor Majd Abboud ist der Ansicht, dass seine kriminellen Landsleute nicht nur den Frieden in Deutschland bedrohen, sondern den Aufenthalt derer, die sich gut integrieren wollen, erschweren. Die Tatsache, dass unter den Flüchtlingsströmen auch viele Radikale sind, die im Krieg mitgewirkt und die Chance zur Flucht ergriffen haben, als sie sahen, dass der Kampf gegen die syrische Regierung erfolglos war, so sagt er, ist nicht zu vertuschen (188).

Flüchtlingen gesteht man eine solche Haltung zu, bei uns Deutschen gebietet es die politische Korrektheit leider immer noch, die importierten Probleme zu ignorieren und die Willkommenskultur stillschweigen abzunicken.

Und das, obwohl die kriminellen Zuwanderer eben jene

Menschen sind, die in einem nicht unerheblichen Teil der deutschen Bevölkerung das Bild vom gewalttätigen, vom undankbaren Flüchtling aufrechterhalten. Die bei einigen unser Mitbürger dazu führen, dass sie pauschalisieren, Flüchtlinge sind gewalttätig und kriminell.

Dabei gibt es sie durchaus – Flüchtlinge, die sich bestens integrieren, die sogar ihre Dankbarkeit gegenüber dem deutschen Volk zum Ausdruck bringen.

Im Sommer 2018 bedanken sich in Ulm lebende Flüchtlinge bei der Bevölkerung für die Hilfe seit 2015 mit einem Straßenfest. Bei orientalischer und afrikanischer Musik wird ordentlich aufgetischt.Es gibt Hummus, Falafel, kenianische Bohnensuppe, Puff Puff aus Kamerun, gefüllte Weinblätter, Börek, Kibbe und das irakische Reisgericht Berjani. „Das ist das Mindeste, was wir zurückgeben können", sagt Amer Alabdallah, der aus Syrien kommt und jetzt an der Uni Ulm studiert (189).

"Vielen Dank Deutschland" – mit einer Einladung zum gemeinsamen Essen bedanken sich Anfang 2019 acht Flüchtlinge aus Syrien für die gute Aufnahme, die sie in Sirksfelde gefunden haben. Ihre Paten und viele Dorfbewohner helfen beim Eingewöhnen mit jeder Menge Unterstützung. Diese Menschen tragen dazu bei, dass die Männer in Deutschland alle Fuß fassen können. Von den acht Gastgebern sind sieben in Betrieben in der Umgebung angestellt, einer studiert. Sie leben heute mit ihren nachgezogenen Familien in Ratzeburg, Mölln und in Hamburg.

Es gibt ein großes Buffet mit Köstlichkeiten aus der Küche des Orients. Dabei überreichen die beiden Initiatoren der Einladung, Ayman Koujan und Amer Lazkani, dem Leiter des Sozialamtes im Amt Sandesneben-Nusse, Sebastian Flint, ein Holzrelief als Dankeschön (190).

Dem deutschen Volk danken, den unmittelbaren Helfern etwas zurückgeben – eine Einstellung, die lobenswert ist. Aber auch angebracht. Und die ganz entscheidend dazu beiträgt, das Verhältnis zwischen einheimischer Bevölkerung und Zuwanderern zu entspannen.

Ziel von Integration ist es, alle Menschen, die dauerhaft und rechtmäßig innerhalb unserer Landesgrenzen leben, bestmöglich in die Gesellschaft miteinzubeziehen. Das funktioniert am besten, wenn Vorbehalte gegenüber Zuwanderern abgebaut werden und Vertrauen geschaffen wird.

Und genau dafür bedarf es nach einer naiven Willkommenskultur nun einer restriktiveren Asylpolitik, genauerer Einreisekontrollen und schnellerer Abschiebungen von kriminellen Zuwanderern und Wirtschaftsflüchtlingen.

Nicht nur zum Wohle der einheimischen Bevölkerung, sondern auch und nicht zuletzt im Sinne bereits hier lebender Flüchtlinge und potenzieller weiterer Zuwanderer.

30

Geht das mit den Flüchtlingen jetzt so weiter?

Millionen von Menschen fliehen seit 2015 aufgrund von Krieg und Vertreibung nach Europa.

Nachdem zu Beginn der Flüchtlingskrise im Jahr 2015 476.649 und auf dem Höhepunkt der Einwanderungswelle im Jahr 2016 745.545 Menschen in Deutschland Schutz suchen, kommt es ab dem Jahr 2017, nicht zuletzt aufgrund der Schließung der Balkanroute und dem Abkommen zwischen der Europäischen Union und der Türkei zu einem starken Rückgang der Anträge auf Asyl in Deutschland. So stellen 2017 222.683, 2018 185.853 und 2019 165.948 Menschen in Deutschland einen Asylantrag (191). 2020 werden die Zahlen, vornehmlich durch die Corona-Pandemie, weiter sinken. Trotzdem immer noch eine äußerst hohe Zahl schutzbedürftiger Flüchtlinge, die unser Land aufnimmt. Nach absoluten Zahlen ist Deutschland nach wie vor das beliebteste Zielland in der EU. Und im März 2020 hat der türkische Präsident Erdogan die Grenzen erneut geöffnet, tausende Menschen stehen vor der türkisch-griechischen Grenze.

Da stellt sich manch' ein besorgter Bürger zurecht die Frage: Geht das in den nächsten Jahren so weiter?

Lassen Sie uns einen Blick auf die Situation in den Ländern werfen, aus denen die meisten Flüchtlinge zu uns kommen. Wie stellt sich die Situation in deren Heimatländern aktuell dar?

Die mit Abstand meisten Asylsuchenden kommen auch im Jahr 2019 aus Syrien nach Deutschland. Stolze 39.270 Menschen fliehen anno 2019 aus dem Land aus Vorderasien und landen schließlich auf deutschem Territorium (192). Aber worum geht es eigentlich genau im Syrien-Krieg?

Anfang 2011 entwickeln sich in Syrien aus friedlichen Protesten gegen das Regime Baschar al Assads gewaltsame Auseinandersetzungen. Die Demonstranten fordern die Achtung der Menschenwürde, Freiheiten, Rechtsstaatlichkeit sowie soziale und wirtschaftliche Perspektiven. Auf die ersten größeren Demonstrationen reagiert die Regierung mit Gewalt. Es kommt zu Ausschreitungen: Öffentliche Gebäude werden angezündet, viele Menschen sterben. Von einer Auseinandersetzung zwischen Opposition und Regierung, hat sich der Konflikt seitdem zu einem Kampf unzähliger Milizen und Fronten, die eigene ethno-religiöse, wirtschaftliche und geopolitische Interessen verfolgen, entwickelt.

Im Verlauf des Bürgerkriegs findet dieser vermehrt auch unter Beteiligung internationaler Mächte, wie der USA, der Türkei, Russland und dem Iran, statt (193).

Fast ein Jahrzehnt herrscht in Syrien bereits Krieg. Aktuell sieht es so aus, dass sich die syrische Regierung – nicht zuletzt dank der Unterstützung ihrer Verbündeten Russland und Iran – gegen die Rebellen durchgesetzt hat. Einem dem "Tagesspiegel" vorliegenden vertraulichen Lagebild des Auswärtigen Amts zufolge befindet sich das Land in einem katastrophalen Zustand. In keinem Teil Syriens gebe es Schutz vor politischer Verfolgung und Folter, zitiert der "Tagesspiegel" den Bericht. Die Versorgung ist demnach mangelhaft, die Wirtschaft kollabiert. Knapp zwei Drittel der Syrer - 69 Prozent der Bevölkerung -leben in extremer Armut und müssen mit weniger als zwei US-Dollar pro Tag auskommen. Fünf Millionen Syrer gelten als "akut hilfsbedürftig". Politisch sieht die Zukunft für den allergrößten Teil der Bevölkerung düster aus. Für die absolute Mehrheit der Syrerinnen und Syrer bedeutet das Überleben der Diktatur mit der Dominanz der Geheimdienste, von willkürlichen Verhaftungen und Folter, dass es auch weiterhin keine nachhaltige Sicherheit und mittelfristige Lebensperspektiven gibt.

Zudem besteht die Gefahr, dass sich der „Islamische Staat" (IS) wieder neuformiert. Der türkische Einmarsch vom Oktober 2019 hat der Dschihadistenorganisation unerwartete Möglichkeiten verschafft. Im Kampf gegen die türkische Armee zogen die Kurden auch einen Teil jener Kämpfer ab, die zuvor die in kurdische Gefangenschaft geratenen IS-Kämpfer bewachten. Diese nutzten das Chaos, um mit ihren Familien aus den kurdisch kontrollierten Gefängnissen zu fliehen. Aufgrund der politisch und wirtschaftlich desaströsen Lage in Syrien dürften sie erfolgreich neue Rekruten gewinnen (194).

Aus dem Irak fliehen 2019 13.742 Menschen nach Deutschland (195). Der Irak ist in vieler Hinsicht ein gescheiterter Staat. Nach der Zerschlagung des IS ist das Land ethnisch und religiös gespalten. Die Wirtschaft ist im Niedergang begriffen. Die Folgen sind Vertreibung, Arbeitslosigkeit und Armut. Das nach 2003 installierte politische System ist weitgehend dysfunktional, die politische Klasse korrupt und zerstritten.

Das ehemals vorbildliche irakische Bildungssystem befindet sich in einem desaströsen Zustand, die auf Ölexporten basierende Wirtschaft angesichts massiver Verteilungskonflikte und kriegsbedingter Zerstörungen im Sinkflug.

Ein Großteil der Probleme des Landes hängen zusammen mit der Intervention der USA im Jahr 2003, mit der Langzeitpräsident und Diktator Saddam Hussein gestürzt wird. Falsche Weichenstellungen der US-Besatzungsmacht, insbesondere die Auflösung der irakischen Armee und die aktive Förderung ethno-konfessioneller Strukturen beim Aufbau des neuen politischen Systems, haben einen großen Anteil daran, dass das Land in der Folge in einen periodisch aufflammenden Bürgerkrieg zwischen schiitischen und sunnitischen Akteuren schliddert.

Vor allem arabisch-sunnitische Iraker werden systematisch benachteiligt und unterdrückt, was den IS in den sunnitisch geprägten Provinzen des Landes erst hoffähig macht (196).

Dazu kommt: Der Krieg gegen den „Islamischen Staat" könnte im Irak infolge der Eskalation in Nordsyrien wieder aufflammen.

Doch viele Fluchtorte innerhalb der Region fallen mittlerweile aus. Als im Irak 2003 nach dem Einmarsch der US-Truppen die

Gewalt explodierte, flüchteten bis zu 1,5 Millionen Iraker nach Syrien, rund 500.000 nach Jordanien. Dies wäre heute kaum möglich: In Syrien herrscht Krieg, Jordanien verlangt von Irakern inzwischen Visa.

Wenn die Nachbarn als Gastländer zunehmend ausfallen, könnte dies die Fluchtbewegungen verschieben: Statt in der Region zu bleiben, könnten mehr Menschen als bisher direkt Europa in den Blick nehmen (197).

Die Zahl der Asylsuchenden aus der Türkei ist in Deutschland gestiegen. 2019 kamen stolze 10.784 Asylbewerber aus dem Land am Bosporus, das damit Platz 3 in der „Flüchtlingstabelle" belegt (198).

Der Europa-Experte der Flüchtlingsorganisation Pro Asyl, Karl Kopp, berichtet, eine der größten Gruppen der Asylsuchenden aus der Türkei seien Kurden, die in ihrer Heimat unter den staatlichen Repressionen litten, aber auch Akademiker, Intellektuelle und Friedensaktivisten. Hinzu kämen noch die Anhänger des islamischen Predigers Fethullah Gülen, der von Erdogan für den Putschversuch im Juli 2016 verantwortlich gemacht wird.

Die Regierung hat seit dem Putschversuch eine fast alles beherrschende nationalistische Atmosphäre geschaffen, die gleichermaßen auf Furcht, Euphorie, Propaganda und nationale Einheit setzt. Viele der zunehmenden Freiheitseinschränkungen und Repressionsmaßnahmen rechtfertigt die Regierung mit der Notwendigkeit, den Terrorismus zu bekämpfen. Die Politik der AKP-Regierung, die Meinungsfreiheit, Demokratie und Menschenrechte unterdrückt, treibt immer mehr Menschen zur Flucht. Dazu kommt, dass Präsident Erdogan mittlerweile im gesamten Nahen Osten zündelt und beispielsweise in Nordsyrien selbst für neue Flüchtlinge sorgt. Damit reiht sich die Türkei in die Reihe der Fluchtverursacher im Nahen Osten mit ein (199).

Nach den „Top3" folgt Afghanistan mit 9.522 Menschen, die 2019 den Weg nach Deutschland finden (200). Der Krieg in Afghanistan seit 2001 ist die jüngste Phase des seit 1978 andauernden afghanischen Konflikts, die mit der US-geführten Intervention im Herbst 2001 eingeleitet wird. Die Regierung der Vereinigten Staaten und ihre Verbündeten verfolgen dabei das Ziel, die seit 1996 herrschende Taliban-Regierung zu stürzen und die Terrororganisation al-Qaida zu bekämpfen. Letztere wird für die Terroranschläge am 11.September 2001 verantwortlich gemacht (201).

Es ist ein Bürgerkrieg, in dem Truppen ausländischer Staaten eine Kriegspartei, nämlich die von ihnen eingesetzte Regierung, unterstützen. Die andere Kriegspartei sind die Taliban, die zuvor Afghanistan regiert hatten. Das gesamte Staatsgebiet Afghanistans soll unter die Kontrolle der Regierung gebracht werden. Das ist allerdings seit beinahe achtzehn Jahren nicht gelungen. Ein wichtiger Grund dafür sind die Verluste unter der Zivilbevölkerung. Die seit 2001 erlittenen Verluste werden auf 31 000 Tote geschätzt. Jeder getötete Angehörige ist ein Grund für weitere junge Männer, sich den Taliban anzuschließen und gegen die USA zu kämpfen. Schon deshalb kann der Krieg in Afghanistan nicht gewonnen werden (202). Nach neunzehn Jahren ist in Afghanistan kein Ende des Krieges in Sicht. Und die Menschen von dort werden weiter flüchten.

Aus Nigeria flüchteten im Jahre 2019 9.070 Menschen nach Deutschland (203). Der westafrikanische Staat, durch den der große Fluss Niger fließt, ist das bevölkerungsreichste Land auf dem afrikanischen Kontinent. Die Bevölkerung in Nigeria leidet unter vielen Konflikten, die oft mit kriegerischer Gewalt ausgetragen werden.

Besonders grausam sind die vielen Überfälle der Terrorgruppe Boko Haram, die im Norden Nigerias gegen die Regierungsarmee und nicht zuletzt auch gegen die Bevölkerung kämpft. Boko Haram, übersetzt: "westliche Erziehung ist eine Sünde", möchte, dass Nigeria nach strengen islamischen Regeln regiert wird und andere Religionen als der Islam verboten werden. Mit Gewalt und sogenannten Terroranschlägen wollen die Kämpfer der Boko Haram die Bevölkerung einschüchtern und dazu zwingen, nach ihren strengen Regeln zu leben (204). Oder eben die Flucht zu ergreifen.

Die Szenarien in den fünf Ländern, aus denen die meisten Menschen nach Deutschland flüchten, lassen vermuten, dass von dort in den nächsten Jahren weiterhin Flüchtlinge zu uns strömen werden.

In welcher Größenordnung dies der Fall sein wird, lässt sich schwer abschätzen und ist zuvorderst abhängig von der zukünftigen politischen und wirtschaftlichen Entwicklung in den entsprechenden Ländern.

Nach Einschätzung des Instituts der Deutschen Wirtschaft jedenfalls wird die Zuwanderung in den kommenden Jahren deutlich über den bislang geschätzten Werten des Statistischen Bundesamtes liegen.

Die Forscher gehen davon aus, dass in den kommenden Jahren jährlich Hunderttausende mehr nach Deutschland kommen, als das Land verlassen. Im Jahr 2035 leben, Schätzungen des Statistischen Bundesamtes zufolge, acht Millionen Migranten mehr innerhalb unserer Landesgrenzen als noch im Jahr 2016 (205).

Um diesem Trend entgegenzuwirken, muss es oberste Priorität sein, Sicherheit und Wirtschaftskraft in die betroffenen Länder zu exportieren, um vor Ort humane Lebensbedingungen und Arbeitsplätze zu schaffen und damit die Fluchtursachen zu bekämpfen. Erste Schritte scheinen bereits in die Wege geleitet zu sein.

Der EU-Treuhandfonds für Afrika, der 2015 eingerichtet wurde, um den Kontinent zu stabilisieren und die Beweggründe für Flucht und irreguläre Migration zu bekämpfen, hat mittlerweile ein Volumen von 4,5 Milliarden Euro erreicht.

Die Bundesregierung forciert EU-Migrations-partnerschaften und unterstützt dabei vor allem die Partnerschaft mit dem Niger als wichtigstem afrikanischen Transitland.

Die Initiative „Compact with Africa", 2017 gestartet, hat sich zum Ziel gesetzt, industrielle Kerne in Afrika zu stärken und Investitionsanreize zu setzen.

Deutschland unterstützt ferner das EU-Neuansiedlungs-programm, mit dem EU-weit zusätzliche Plätze für schutzbedürftige Flüchtlinge aus der Türkei, dem Nahen Osten und Afrika geschaffen werden sollen und das Welternährungsprogramm, mit dem in Syrien und Umgebung Millionen Menschen mit Nahrung versorgt werden (206).

Es bleibt abzuwarten, ob diese Maßnahmen den gewünschten Erfolg herbeiführen. Unzweifelhaft scheint, dass weitere folgen müssen. Denn auch Deutschland kann nicht weiterhin unbegrenzt Zuwanderer aufnehmen und in die Gesellschaft integrieren.

Manchmal fühlt man sich angesichts der politischen Entwicklungen in Europa wie im Film – konkret wie in jenem aus dem Jahr 1993, in dem neben der bezaubernden Andie MacDowell Bill Murray einen exzentrischen und über alle

Maßen zynischen Wetteransager zum Besten gibt, der in einer Zeitschleife festsitzt und ein und denselben Tag immer wieder erlebt.

Bis er endlich geläutert ist und sein Leben fortsetzen darf.

Und täglich grüßt das Murmeltier...

Am 01.3.2020 öffnet der türkische Präsident Erdogan die Grenzen seines Landes zur EU. Er wirft dieser vor, sich nicht an Zusagen im Flüchtlingspakt gehalten zu haben.

Der Flüchtlings-Deal mit der Europäischen Union scheint damit hinfällig zu sein (207).

Was folgt kommt dem „Murmeltier-Effekt" bedenklich nahe: Ausschreitungen an den Grenzen zu Griechenland, Flüchtlinge, die Schilder „Merkel help" in die natürlich stets präsenten Fernsehkameras recken, Rechtsextreme setzen ein Flüchtlingsheim auf der griechischen Insel Lesbos in Brand. Alles wie 2015 gehabt.

Auch die politischen wie gesellschaftlichen Reaktionen in Deutschland kommen jedem politisch interessierten Bürger mehr als bekannt vor.

Bayerns Innenminister Joachim Herrmann kritisiert die „unlauteren Methoden Ankaras" und fordert eine harte

Haltung der Europäer.

Ankara wolle auf dem Rücken der Flüchtlinge den Druck auf die EU erhöhen, mehr Geld zu bekommen, sagte der CSU-Politiker den Zeitungen der Funke-Mediengruppe."

Klar ist, dass wir uns von der Türkei nicht erpressen lassen dürfen" (208).

Richtig! Wie seit fünf Jahren nicht...wer's glaubt...

Grünen-Chefin Annalena Baerbock hat eine Kontingentlösung zur Aufnahme der Migranten an der türkisch-griechischen Grenze vorgeschlagen und will die Migranten von der türkisch-griechischen Grenze in der EU verteilen (209).

Gute Idee! Viele Länder werden wie 2015 begeistert sein und freudig mitmachen...

Und in Deutschland demonstrieren im September 2020 Tausende in mehreren deutschen Städten für die Aufnahme der Geflüchteten aus dem Lager Moria in Deutschland.

Die „AG Bleiben", ein Zusammenschluss aus Willkommens-initiativen und weiteren Engagierten aus der antirassistischen Arbeit in Köln, organisiert am 20.09.2020 eine Demonstration unter dem Motto „Es reicht! Wir haben Platz!". Es wird gefordert, dass sich die Bundesregierung ohne Wenn und

Aber zur Aufnahme aller Menschen aus Moria bereiterklärt. Deutschland kann nicht nur, Deutschland MUSS vorangehen, argumentiert man.

Bundesinnenminister Seehofer jedoch will den deutschen Alleingang auf 1553 der 13500 dort lebenden Flüchtlinge begrenzen. Grünen, Linkspartei und einigen SPD-Politikern ist dies bedeutend zu wenig (210).

Die Diskussionen über das Für und Wider der deutschen Flüchtlingsaufnahmepolitik sind, nachdem Corona sie eine Zeit lang auf Sparflamme kochen ließ, im Herbst des Jahres erneut entfacht.

Anno 2020 nimmt die europäische Murmeltier-flüchtlingspolitik erneut so richtig Fahrt auf, hat es den Anschein. Es bleibt abzuwarten, wie lange es dauert, bis die EU endlich geläutert ist und beseelt von den Gedanken an eine konstruktive Flüchtlingspolitik zurück ins Leben entlassen wird.

Denn vorher ist ein Ende der Massenzuwanderung, realistisch betrachtet, nicht abzusehen und damit auch nicht deren Einfluss auf das Klima und die Stimmung in unserem Land.

Allein: Daran, dass es wie im Film zum Happy End kommt, darf man fraglos zweifeln...

31

Ausblick

Schön, dass Sie bis zum Ende durchgehalten haben. Dass Sie mir, aller „rechtsverdächtigen" Passagen, die viele Leser sicherlich in diesem Buch ausmachen werden, zum Trotz, die Chance geben, meine Gedanken zu Ende zu formulieren. Ich habe mich, ob des charmanten Drucks meiner Gattin, dazu entschlossen. das Buch nicht unter meinem Namen, sondern unter einem Pseudonym zu publizieren. Das sagt vieles über die mit der Flüchtlingskrise einhergehende Problematik, über die „Flüchtlingspolemik", der man in unserem Land ausgesetzt ist, aus.

Bedauerlicherweise zeichnet sich die Debatte über die Flüchtlingsbewegungen auch fünf Jahre nach „wir schaffen das" weniger durch sachliche Argumente als durch Emotionen und Vorurteile aus, sowohl bei den Befürwortern als auch bei den Gegnern einer Willkommenskultur.

Es gibt nach wie vor zwei, leider zu extreme, Gruppen: Die einen engagieren sich für Integration der Zuwanderer und sehen in beinahe jedem, der das nicht tut, einen potenziellen

Rechtsradikalen; die anderen sind gefangen in ihren Ängsten vor den Fremden, und nicht wenige von ihnen wenden sich wirklich nach rechts.

Das dem so ist, liegt nicht zuletzt an den Politikern und den Medien in unserem Land. So verständlich es auch sein mag, den rechten Tendenzen durch restriktive Berichterstattung, durch Verschweigen, Vertuschen und Verharmlosen nicht zusätzlich Nahrung zu geben: Eine objektive Sicht auf die Dinge wird dadurch unmöglich. Und eine Bevölkerung, die ahnt, die weiß, dass ihr seitens der Staatsführer und der Medien nur Halbwahrheiten präsentiert werden, wird womöglich noch eher nach rechts tendieren als eine, der man schonungslos die Wahrheit erzählt.

Eine Akzeptanz der Flüchtlings- und Asylpolitik in der Bevölkerung kann nicht erreicht werden, wenn dieser wesentliche Tatsachen vorenthalten werden und den Menschen hierzulande bisweilen das Gefühl gegeben wird, dass Zugereiste Deutschen bevorzugt werden, dass Straftaten GEGEN Zuwanderer verachtenswerter sind als solche die VON ihnen begangen werden.

Ebenso, wie es nicht sittsam ist, wegen einzelner Gewaltdelikte sämtliche Flüchtlinge unter Generalverdacht zu stellen, ist es nicht weiter tragbar, politisch kritisch denkende Menschen zu stigmatisieren, nur, weil sie nicht bereit sind, in die Barmherzigkeits- und Willkommenshysterie einzustimmen, und stattdessen auf die mit der Zuwanderung verbundenen potenziellen Gefahren hinweisen.

Medien und Politik müssen die Ängste der Menschen bei den Themen Migration und Kriminalität endlich ernst nehmen und angehen, anstatt sie in die rechte Ecke zu stellen. Diese Themen müssen in der Mitte der Gesellschaft diskutiert werden. Sonst wird sich diese unweigerlich weiter weg an die Ränder verlagern.

Viel zu lange bereits werden besorgte Bürger, die auf Probleme mit Flüchtlingen hinweisen und sich Sorgen machen, pauschal als Extremisten diffamiert.

Man muss meine Meinung nicht teilen, aber in einem freiheitlichen Staat wie dem unseren sollte ich sie zumindest aussprechen dürfen, ohne dafür vom Gros der Gesellschaft verurteilt zu werden.

So traurig es ist, dass man in der heutigen Zeit vor einem kritischen Hinterfragen der Flüchtlingspolitik lautstark Abbitte halten muss – so wichtig ist es, dass die Fragen klar und unmissverständlich gestellt werden.

Denn es reicht nicht aus, „Refugees welcome" zu rufen, Teddybären zu verteilen, und zu sagen: „Lieber, armer Flüchtling, du musst dich jetzt integrieren." Stattdessen müssen ausgehend vom Grundgesetz gesellschaftliche Regeln und Pflichten definiert werden, die für alle Menschen in diesem Land gelten und Rahmenbedingungen geschaffen werden, um Fehlverhalten von Asylsuchenden angemessen zu sanktionieren, wenn nötig, auch durch eine konsequente und zeitige Abschiebung.

Man muss in beide Richtungen arbeiten – Flüchtlinge willkommen heißen ja, aber bitte auch disziplinieren. Was deren Verhalten betrifft und deren Ansprüche. Nur so können Massenzuwanderung einerseits und die Stimmung in der einheimischen Gesellschaft andererseits auf einem gesunden Level harmonieren. Gelingt eine wirkliche Integration der Asylsuchenden, bringt man womöglich auch jene zum

Schweigen, die diesbezüglich lediglich skeptisch sind – und nicht per se dagegen.

Die Lösung der Flüchtlingskrise ist eine der größten Herausforderungen für die nächsten Jahrzehnte. Leider wurden bislang viele Fehler gemacht in der Flüchtlingspolitik. Was Deutschland, was die Europäische Union benötigt, ist ein krisenresistentes und solidarisches europäisches Asylsystem. Das impliziert effiziente Asylverfahren, zügige Rückführungen von nicht Schutzbedürftigen und eine faire Verteilung von Asylsuchenden auf die Einzelstaaten. Nötig sein wird auch eine gemeinsame Strategie und Politik innerhalb der EU, um Mehrfachregistrierungen und kriminelle Praktiken zu vermeiden.

Außerdem muss Aufbau vor Ort in den Krisenregionen geleistet werden, um die Fluchtursachen zu mindern.

Man arbeitet daran.

Um die Ursachen von Flucht und irregulärer Migration genauer zu identifizieren, hat die Bundesregierung eine Fachkommission "Fluchtursachen" berufen. Sie soll Vorschläge für eine Minderung der Fluchtursachen erarbeiten und bis Ende 2020 der Bundesregierung und dem Deutschen

Bundestag einen Bericht mit konkreten Handlungsempfehlungen vorlegen.

Zur Reform des Gemeinsamen Europäischen Asylsystems hat die EU-Kommission sieben Vorschläge unterbreitet, fünf davon sind im Wesentlichen ausverhandelt. Die Bundesregierung wird sich innerhalb der Europäischen Union für einen erfolgreichen Abschluss der Reform einsetzen. Bis dahin unterstützt sie die gemeinsamen europäischen Bemühungen um einen temporären kontrollierten Mechanismus zugunsten aus Seenot geretteter Menschen.

Mit dem Nationalen Aktionsplan Integration steuert die Bundesregierung bestehende Integrationsmaßnahmen und entwickelt sie weiter. Hierzu arbeiten Ministerien, Länder, Kommunen, die Wirtschaft, die Zivilgesellschaft und die Migrantenorganisationen zusammen, um den Prozess der Integration zu unterstützen (211).
Schritte in die richtige Richtung, wenn sie denn umgesetzt werden.

Ich kann selbstredend jeden Menschen verstehen, der vor Krieg und Gewalt flieht.
Auch, wenn Wirtschaftsmigration so gut wie eben möglich

unterbunden werden muss: Sogar für jene, die sich aus rein finanziellen Erwägungen auf nach Deutschland machen, habe ich vollstes Verständnis. Nicht zuletzt, weil sie infolge der naiv inszenierten Willkommenskultur ja geradezu dazu eingeladen werden, unser Land zu bevölkern und von dessen Sozialsystem zu profitieren.

Nur: Wer als Schutzsuchender oder „Schutzsuchender" nach Deutschland kommt, sollte diesen Schutz zu schätzen wissen, statt selbst Gewalt auszulösen und andere zu bedrohen. Anderenfalls könnten die Bürger der Aufnahmeländer sich zu fragen beginnen, warum sie eigentlich den Großmut aufbringen sollen, Leute willkommen zu heißen, die ihr Leben unsicherer machen.

Vielleicht ist es hilfreich, zu einfachen Gedankenstrukturen zurückzukehren, um wieder zu einer objektiveren Sicht der Dinge zu gelangen. Denn letztendlich trifft der einfache Vergleich der Situation rund um die Flüchtlinge mit dem Gastgeber und seinem Haus doch den Nagel auf den Kopf: Kein Gastgeber erträgt ein Übermaß an Gästen und, noch wichtiger, keiner muss Gäste dulden, die sich nicht benehmen können.

Kein Generalvorwurf an dieser Stelle, meine Kritik gilt ausdrücklich ausschließlich jenen Asylsuchenden, die sich in der neuen Heimat nicht adäquat verhalten können oder wollen.

Zudem natürlich den Staatsoberen, die nicht in der Lage sind, dafür zu sorgen, dass sie eben dies tun.

Und nicht zuletzt auch jenen deutschen Bürgern, die nur an ihre „Refugees welcome"-Plakate denken, aber keine „Refugees behave yourself"-Schilder in die Luft recken.

Es hat den Anschein, dass sich Politik, Medien und ein Großteil der Bevölkerung regelrecht verrannt haben in ihrer Willkommenshysterie und infolge dessen kaum mehr in der Lage sind, die Situation rund um die Massenzuwanderung neutral und sachlich zu betrachten.

Flüchtlingsnot kennt kein Gebot – so sehr man sich aus humanitären und moralischen Erwägungen an diesen Leitsatz der Willkommenskulturler gebunden fühlen mag, so sehr müssen wir darauf achten, dass seine Umsetzung nicht die deutsche Bevölkerung entzweit.

Eine Bevölkerung, in der auch für Kritiker der deutschen und europäischen Asylpolitik Platz sein muss.

In der man auch versuchen muss, deren Ansichten zu verstehen. Und in der man nicht etwa immer nur die Willkommenskultur Deutschlands idealisieren, und alle diesbezüglich differenzierter denkenden Menschen sozial ächten sowie als rechtsradikal diffamieren sollte.

Auch ein „flüchtlingskritischer" Standpunkt muss in Zeiten wie diesen offen ausgesprochen werden dürfen. Nicht nur in Köln. Aber auch dort.

„Wer Migration begrenzen will, ist kein Unmensch", so sagt Bundesinnenminister Horst Seehofer im Sommer 2020 zurecht (212).

Just, als ich diese letzten Zeilen meines Manuskripts schreibe, springt mir beim Surfen im Internet eine Meldung über ein Zitat Angela Merkels ins Auge, das mir, entgegen vieler anderer Bekundungen der ersten Politikerin in unserem Lande, aus der Seele spricht: „2020 ist nicht 2015" sagt die Bundeskanzlerin tatsächlich Anfang März 2020 anlässlich des erneuten Andrangs an der türkisch-griechischen Grenze infolge der Grenzöffnung durch den türkischen Präsidenten Erdogan.

Die Bürger könnten erwarten, dass die Politik es schaffe, Flucht und Migration zu ordnen, zu steuern und zu verringern (213).

Dem ist nichts hinzuzufügen.

kleiner Denkanstoß

"Alleine der ehrlich empfundene Stolz auf seine Heimat und deren Geschichte macht uns noch lange nicht zu hirnlosen Rassisten. Ein Rassist ist jener, welcher lauthals überzeugt ist, dass sein Land, seine Rasse oder seine Religion das einzig Wahre und Beste ist."

Stefan Wittlin, (*1961), Schweizer "Medicus-Canis", Kynologe-Hundetherapeut, Tierpsychologe, Buchautor und Kolumnist.

Danksagung

Ich bedanke mich zunächst bei meinem Verlag dafür, dass er sich bereit erklärt hat, ein Buch zu dem in unserem Lande leider immer noch mehr als heiklem Thema zu publizieren.

Vielen Dank, lieber Roger Schmidt, für die pointierten Cartoons zum Thema.

Dank auch an mein Aniolek, dafür, dass es mir, wenn auch begleitet von dem Kompromiss „Pseudonym", das Ok gegeben hat, meine kritischen Gedanken zu veröffentlichen.

Quellenverzeichnis

01)https://www.faz.net/aktuell/politik/inland/worms-tunesischer-asylbewerber-ersticht-junge-frau-16078682.html
02)https://de.wikipedia.org/wiki/Wir_schaffen_das
03)https://ralfgrabuschnig.com/fremdenfeindlichkeit-geschichte/
04)https://www.deutschlandfunk.de/aufklaerungsschrift-angst-vor-dem-fremden-und-die.1310.de.html?dram:article_id=328547
05)https://www.sueddeutsche.de/politik/auslaenderfeindlichkeit-muslime-studie-rechtsextremismus-1.4199261
06)https://www.planetwissen.de/geschichte/menschenrechte/fluechtlinge/
07)https://www.zeit.de/2017/01/asylrecht-kriminelle-einwanderer-einwanderung-gewalt/seite-3
08)https://www.gesetze-im-internet.de/asylvfg_1992/__3.html
09)https://www.nds-fluerat.org/leitfaden/3-wer-bekommt-asyl/
10)https://www.gesetze-im-internet.de/aufenthg_2004/__60.html
11)https://www.bmi.bund.de/DE/themen/migration/asyl-fluechtlingsschutz/asyl-fluechtlingspolitik/asyl-fluechtlingspolitik-node.html
12)wie 03)
13)https://de.wikipedia.org/wiki/Flüchtlingskrise_in_Europa_ab_2015
14)https://de.wikipedia.org/wiki/Flüchtlingskrise_in_Europa_ab_2015
15)https://www.deutschlandfunk.de/fluechtlinge-ungarn-macht-die-grenzen-dicht.2852.de.html?dram:article_id=33214
16)/17)https://www.focus.de/politik/die-gegner-der-

willkommenskultur-haben-angst-vor-dem-unbekannten-
diese-staaten-weigern-sich-fluechtlinge-
aufzunehmen_id_4933320.html

18)https://ahk.pl/meta-
navigation/medien/aktuelles/news-details/deutsch-
polnischer-handel-erreicht-neuen-spitzenwert/

19)wie 16

20)https://de.wikipedia.org/wiki/Wirtschaft_der_Europäisc
hen_Union

21) https://www.n-tv.de/panorama/Was-wir-wissen-zum-
Brand-in-Moria-und-was-nicht-article22024450.html

22) https://www.merkur.de/politik/fluechtlinge-angela-
merkel-deutschland-horst-seehofer-asyl-csu-cdu-moria-
90048423.html

23)https://www.bento.de/today/jan-boehmermann-der-
text-des-erdogan-schmaehgedichts-und-was-davor-passierte

24)https://www.welt.de/politik/ausland/article159224458/
Warum-Europa-vor-Erdogan-kuscht.html

25)https://taz.de/Kommentar-Umgang-mit-dem-Fall-
Yuecel/!5388819/

26)https://www.welt.de/politik/ausland/article159224458/
Warum-Europa-vor-Erdogan-kuscht.html

27)https://www.welt.de/politik/ausland/article159224458/
Warum-Europa-vor-Erdogan-kuscht.html

28)wie 24

29)https://www.spiegel.de/politik/deutschland/muenchen
-buerger-helfen-fluechtlingen-am-hauptbahnhof-a-
1050919.html

30)https://de.wikipedia.org/wiki/Kultur

31)https://www.duden.de/suchen/dudenonline/kultur

32)https://de.wikipedia.org/wiki/Willkommens-
_und_Anerkennungskultur

33)https://de.wikipedia.org/wiki/Weltjugendtag_2005

34)https://www.cicero.de/kultur/medien-und-fluechtlinge-die-erfindung-der-willkommenskultur

35)https://www.tagesspiegel.de/politik/fluechtlinge-in-deutschland-nach-den-teddybaeren-die-willkommenskultur-im-stresstest/19631876.html

36)https://www.express.de/koeln/-bonotel--wird-zum-fluechtlingsheim-wegen-der-stadt-verlieren-wir-alle-unseren-job-688874

37)https://de.wikipedia.org/wiki/Verhältnismäßigkeitsprinzip_(Deutschland)

38)https://www.ksta.de/koeln/lindenthal/-sporthalle-weiden-viel-verstaendnis-fuer-fluechtlingsunterkunft-241248

39)https://www.cicero.de/innenpolitik/asylpolitik-fluechtlinge-majd-abboud-merkel-afd-islam-terror-syrien

40)https://www.boeckler.de/pdf/p_wsi_report_16_2014.pdf

41)https://rponline.de/politik/ausland/zahlen-diese-laender-nehmen-die-meisten-fluechtlinge-auf_aid-23498097

42)https://www.faz.net/aktuell/feuilleton/debatten/hass-auf-wirtschaftsfluechtlinge-in-deutschland-13776696-p5.htmli

43)https://www.cicero.de/kultur/medien-und-fluechtlinge-die-erfindung-der-willkommenskultur

44)https://www.ekd.de/seenotrettung-evangelische-kirche-schiff-mittelmeer-49622.htm

45)https://www.bundesregierung.de/breg-de/themen/migration-und-integration

46)https://www.stuttgarter-zeitung.de/inhalt.prozess-gegen-junge-fluechtlinge-obdachlosen-aus-langeweile-angezuendet.c3f286a1-7b3e-4e5b-853a-554b873e2f30.html

47)https://de.wikipedia.org/wiki/Langeweile

48)https://www.deutschlandfunk.de/neurologie-das-geheimnis-der-langeweile.740.de.html?dram:article_id=37588

49)http://www.frommgesellschaft.eu/images/pdf-Dateien/Funk_R_2010c.pdf

50)https://www.zeit.de/karriere/beruf/2013-11/langeweile-stress-kreativitaet

51)https://www.deutschlandfunk.de/neurologie-das-geheimnis-der-langeweile.740.de.html?dram:article_id=37589

52)https://www.sueddeutsche.de/muenchen/erding/flucht-und-sucht-ohne-zukunft-1.4360359

53)https://www.badische-zeitung.de/ein-suchtforscher-erklaert-die-verbreitete-alkoholabhaengigkeit-bei-fluechtlingen--152282641.html

54)https://www.br.de/puls/themen/welt/fluechtlinge-arbeit-deutschland-portraits-104.html

55)https://de.wikipedia.org/wiki/Sexuelle_Übergriffe_in_der_Silvesternacht_2015/16

56)https://www.spiegel.de/panorama/justiz/urteil-in-koeln-gegen-antaenzer-jugendarrest-fuer-zwei-taeter-a-1071122.html

57)https://www.zeit.de/gesellschaft/zeitgeschehen/2019-03/koeln-silvesternacht-uebergriffe-verurteilungen

58)https://www.welt.de/politik/deutschland/article164303807/Wann-Straftaten-von-Migranten-das-Asylverfahren-gefaehrden.html

59)https://de.wikipedia.org/wiki/Gastrecht

60)https://www.ndr.de/nachrichten/mecklenburg-vorpommern/Getoeteter-Rentner-in-Wittenburg-Prozess-beginnt,polizei5484.html

61)https://www.ndr.de/nachrichten/mecklenburg-vorpommern/Lebenslang-nach-Mord-an-Rentner-in-Wittenburg,prozess5136.html

62)https://www.zeit.de/politik/deutschland/2019-02/bamf-asylverfahren-fluechtlinge-migration-dauer

63)https://www.merkur.de/bayern/fluechtlinge-asylbewerber-vorurteile-faktencheck-55272361.ht
64)https://www.proasyl.de/thema/rassismus/fakten-gegen-vorurteile/##1
65)https://www.anwalt.org/asylrecht-migrationsrecht/abschiebung/#Das_Abschiebungsverfahren
66)https://de.wikipedia.org/wiki/Abschiebung_#Kritik
67)wie 57
68)https://www.deutschlandfunk.de/europas-vergessene-fluechtlinge-das-elend-in-den-lagern-auf.724.de.html?dram:article_id=443263
69)https://www.proasyl.de/news/elend-tote-misshandlungen-ein-dauerzustand-mitten-in-europa
70)https://de.wikipedia.org/wiki/Asylpolitik_der_Europäischen_Union#Hotspots
71)https://www.euractiv.de/section/eu-aussenpolitik/news/ausschiffungsplattformen-eu-anspruch-und-wirklichkeit/
72)https://www.brot-fuer-die-welt.de/themen/hintergruende-zur-flucht/gefahren-auf-der-flucht/
73)https://www.bundesregierung.de/breg-de/themen/migration-und-integration
74)https://de.wikipedia.org/wiki/Holocaust
75)/76)https://de.wikipedia.org/wiki/Reparationen
77)https://www.tagesspiegel.de/politik/milliardenforderungen-aus-polen-muss-deutschland-noch-fuer-kriegsverbrechen-zahlen/24931278.html
78)https://www.zeit.de/wissen/geschichte/2018-03/muslime-zweiter-weltkrieg-adolf-hitler-islam-juden
79)https://www.welt.de/geschichte/zweiter-weltkrieg/article148069837/So-eng-war-der-Pakt-der-N74is-

mit-Muslimen.html

80)https://www.zeit.de/gesellschaft/zeitgeschehen/2015-01/fluechtlinge-schwerte-kz

81)https://www.sueddeutsche.de/bayern/augsburg-doch-kein-fluechtlingsheim-in-frueherer-kz-anlage-1.2332604

82)https://www.focus.de/regional/augsburg/diesmal-in-augsburg-noch-ein-kz-aussenlager-soll-fluechtlingsheim-werden_id_4444108.html

83)https://www.proasyl.de/thema/fakten-zahlen-argumente/

84)https://www.proasyl.de/thema/rassismus/fakten-gegen-vorurteile/

85)https://link.springer.com/chapter/10.1007/978-3-642-96588-3_12

86)https://www.bundestag.de/resource/blob/423604/6bc141a9713732fc4bb4334b6d02693b/wd-3-180-08-pdf-data.pdf

87) https://www.augsburger-allgemeine.de/politik/Der-Staat-hat-die-Pflicht-seine-Buerger-bestmoeglich-zu-schuetzen-id38784207.html

88)http://bergisches-viertel.de/herbst-der-kanzlerin-geschichte-eines-staatsversagens/

89)https://www.tichyseinblick.de/kolumnen/boris-reistschuster-berlin-extrem/wenn-medien-wegschauen-nicht-berichterstattung-ueber-fluechtlings-kriminalitaet/

90)https://www.sueddeutsche.de/politik/migration-tuebingen-ob-palmer-straffaellige-asylbewerber-raus-aus-den-staedten-dpa.urn-newsml-dpa-com-20090101-180906-99-850798

91)https://www.zeit.de/2017/17/kriminalitaet-fluechtlinge-zunahme-gewalttaten-statistik

92)https://www.welt.de/politik/deutschland/article181506934/BKA-Zahlen-Asylzuwanderer-bei-Toetungsdelikten-ueberrepraesentiert.html

93)https://www.cicero.de/innenpolitik/kriminalstatistik-Bndeskriminalamt-Horst-Seehofer-Straftaten-Zugewanderte/plus

94)https://www.welt.de/politik/deutschland/article181506934/BKA-Zahlen-Asylzuwanderer-bei-Toetungsdelikten-ueberrepraesentiert.html

95)https://www.tichyseinblick.de/kolumnen/boris-reistschuster-berlin-extrem/wenn-medien-wegschauen-nicht-berichterstattung-ueber-fluechtlings-kriminalitaet/

96)https://www.zeit.de/2017/01/asylrecht-kriminelle-einwanderer-einwanderung-gewalt/seite-3

97)https://www.zeit.de/gesellschaft/zeitgeschehen/2015-11/thomas-de-maiziere-terror-sicherheit

98)https://www.haz.de/Nachrichten/Politik/Deutschland-Welt/Fluechtlingskriminalitaet-Ist-die-Gewalt-Statistik-geschoent

99)https://www.haz.de/Nachrichten/Politik/Deutschland-Welt/Fluechtlingskriminalitaet-Ist-die-Gewalt-Statistik-geschoent

100)https://www.waz.de/staedte/bochum/polizistin-zahlen-zu-fluechtlingskriminalitaet-sind-gefaelscht-id11405034.html

101)https://correctiv.org/faktencheck/gesellschaft/2019/08/07/doch-ard-und-zdf-haben-ueber-mord-mit-schwert-in-stuttgart-berichtet

102)https://www.bild.de/politik/kolumnen/kolumne/hanau-weinen-wir-um-diese-terror-opfer-so-wie-um-opfer-mit-deutschem-namen-68956412.bild.html

103)https://de.wikipedia.org/wiki/Babylon_Berlin

104)https://www.morgenpost.de/berlin-history/article215416835/Eine-Republik-im-blutigen-

Strassenkampf.html

105)https://zuwanderung.net/2016/01/25/saustall-
fluechtlingsheim/

106)https://www.zeit.de/hamburg/stadtleben/2016-
02/fluechtlinge-fluechtlingsunterkunft-hamburg-bergedorf-
alltag/seite-2

107)https://www.welt.de/regionales/nrw/article132849279
/Toiletten-werden-geputzt-weil-die-Presse-kommt.html

108)https://www.zvw.de/inhalt.waiblingen-schmutz-in-
asylheimen-stippvisite-in-drei-unterkuenften.94ce0442-113e-
4d4f-bd1a-883be650bf61.html

109)https://www.tonline.de/nachrichten/ausland/eu/id_85
713030/europawahl-2019-das-steht-im-wahlprogramm-der-
afd.html

110)https://de.wikipedia.org/wiki/Salafismus_in_Deutschla
nd

111)https://de.wikipedia.org/wiki/Imam

112)https://de.wikipedia.org/wiki/Hassprediger

113)https://www.deutschlandfunkkultur.de/predigten-in-
deutschen-moscheen-immer-entlang-der-
roten.1008.de.html?dram:article_id=382306

114)https://www.focus.de/politik/deutschland/verfassung
sschutz-machtlos-radikale-imame-rufen-in-deutschen-
moscheen-zu-hass-auf_id_9918828.html

115)https://www.preussischeallgemeine.de/nc/nachrichten
/artikel/hasspredigten-ohne-konsequenzen.html

116)https://www.faz.net/aktuell/politik/inland/radikale-
islamisten-bayerns-innenminister-herrmann-fordert-
abschiebung-von-salafisten-13229573.html

117)https://www.tagesspiegel.de/politik/plaene-der-
bundesregierung-zur-integration-soll-es-eine-deutsch-pflicht-
fuer-imame-geben/25206846.html

118)https://www.awoberlin.de/Positionspapier-Fluechtlinge-857969.pdf

119)https://de.wikipedia.org/wiki/Härtefallkommission#Entstehungsgeschichte

120)https://de.wikipedia.org/wiki/Kirchenasyl

121)https://www.katholisch.de/artikel/16620-das-leistet-die-kirche-in-der-fluechtlingshilfe

122)https://www.ekd.de/kirchliche-fluechtlingshilfe-integration-2015-2019-48822.htm

123)https://www.welt.de/debatte/kommentare/article152393528/Warum-die-Kirchen-radikal-gegen-eine-Obergrenze-sind.html 118)

124)https://www.spiegel.de/politik/deutschland/pegida-in-koeln-koelner-dom-soll-dunkel-bleiben-lob-von-roettgen-a-1010950.html

125)https://www.deutschlandfunk.de/verhaeltnis-von-politik-und-kirche-die-kirchen-als.724.de.html?dram:article_id=349425

126)https://zeitzeichen.net/node/7822

127)https://www.deutschlandfunk.de/verhaeltnis-von-politik-und-kirche-die-kirchen-als.724.de.html?dram:article_id=349425

128)https://www.welt.de/politik/deutschland/article173342040/Katholische-Kirche-Manche-Fluechtlinge-akzeptieren-unsere-Ordnung-nicht.html

129)https://www.volkswagenag.com/de/sustainability/refugee-aid.html

130)https://www.handelszeitung.ch/unternehmen/werbung-mit-fluchtlingen-benetton-sorgt-fur-wirbel

131)https://www.uno-fluechtlingshilfe.de/

132)https://www.op-marburg.de/Mehr/Welt/Politik/Werbung-fuer-Ehen-mit-

Fluechtlingen-Streit-um-Aufruf-von-Seenotrettern

133)http://www.planetwissen.de/kultur_medien/brauchtu m/rheinischer_karneval/index.jsp

134)https://jungefreiheit.de/kultur/gesellschaft/2016/koeln er-karneval-laedt-asylbewerber-ein/

135) https://www.wp.de/region/koelner-rosenmontagszug-merkel-und-die-fluechtlingskrise-id11518657.html

136)https://www.spiegel.de/fotostrecke/mottowagen-fuer-karneval-in-mainz-und-koeln-vorgestellt-fotostrecke-134225.html

137)https://www.augsburgerallgemeine.de/friedberg/Mott owagen-sorgt-fuer-Aerger-AfD-Parole-im-Familienfasching-id53717056.html

138)https://web.de/magazine/politik/fluechtlingskrise-in-europa/faschingsumzug-jecken-senden-eindeutige-botschaften-31336500

139)https://www.zeit.de/gesellschaft/zeitgeschehen/2016-02/karneval-panzer-steinkirchen-gaudiwurm-asyl-fluechtlinge

140)https://www.wr.de/politik/70-prominente-unterstuetzen-merkels-fluechtlingspolitik-id11582864.html

141)https://de.wikipedia.org/wiki/Vorbild

142)(https://up-training.de/wieso-es-wichtig-ist-selbstwirksamkeitsueberzeugung-zu-entwickeln)

143)https://www.zeitjung.de/vorbilder-und-warum-wir-sie-brauchen/

144)https://www.merkur.de/politik/afd-vize-gauland-beleidigt-fussball-nationalspieler-boateng-zr-6440131.html

145)https://www.bundeswahlleiter.de/info/presse/mitteilu ngen/bundestagswahl-2017/34_17_endgueltiges_ergebnis.html

146)https://www.tagesschau.de/inland/oezil-chronologie-

101.html

147).https://www.eurosport.de/fussball/mesut-ozil-seine-zusammengefasste-erklarung_sto6859289/story.shtml

148)https://de.wikipedia.org/wiki/Angst

149)Tolle,E.:'Jetzt',Bielefeld 2000, S.60

150)https://www.neurologen-und-psychiater-im-netz.org/psychiatriepsychosomatik-psychotherapie/news-archiv/meldungen/article/angst-wirkt-sich-auf-immunsystem-aus/

151)https://www.angstselbsthilfe.de/wp-content/uploads/2017/07/daz-78_Warum-macht-uns-Fremdes-Angst.pdf

152)https://de.wikipedia.org/wiki/Überfremdung

153)https://ec.europa.eu/eurostat/documents/2995521/6903514/3-10072015-AP-DE.pdf/1dc02177-b1d7-47ed-8928-66fec35e2e36

154)https://www.demografie-portal.de/SharedDocs/Informieren/DE/ZahlenFakten/Auslaender_Anteil_Kreise.html

155)https://www.heise.de/tp/features/Die-Herkunftsstaaten-der-in-Deutschland-lebenden-Auslaender-3897188.html?seite=all

156)https://www.heise.de/tp/features/Die-Herkunftsstaaten-der-in-Deutschland-lebenden-Auslaender-3897188.html?seite=all

157)https://www.welt.de/politik/deutschland/article191938153/Statistisches-Bundesamt-Zahl-der-Auslaender-in-Deutschland-erreicht-Rekordhoch.html

158)https://de.wikipedia.org/wiki/Migrationshintergrund

159)https://www.destatis.de/DE/Presse/Pressemitteilungen/2016/09/PD16_327_122.html

160)https://www.welt.de/politik/deutschland/article16724

5133/18-6-Millionen-Einwohner-mit-auslaendischen-Wurzeln-in-Deutschland.html

161)https://www.welt.de/politik/deutschland/article18033 8680/Zahl-der-Menschen-mit-Migrationshintergrund-steigt-deutlich-auf-19-3-Millionen.html

162)http://www.bpb.de/nachschlagen/zahlen-und-fakten/soziale-situation-in-deutschland/61646/migrationshintergrund-i

163)https://www.deutschlandfunk.de/demografie-die-bevoelkerungspyramide-aendert-sich.1148.de.html?dram:article_id=460614

164)https://der-dritte-weg.info/2018/11/umfrage-ein-drittel-der-deutschen-lehnt-die-ueberfremdung-ab/

165)https://www.spiegel.de/panorama/gesellschaft/studie-fast-jeder-dritte-deutsche-hat-vorbehalte-gegenueber-auslaendern-a-1237218.html

166)https://www.forschung-und-lehre.de/zeitfragen/immer-mehr-tuthemen-1802/

167)https://de.wikipedia.org/wiki/Allgemeine_Erklärung_der_Menschenrechte

168)https://www.menschenrechtserklaerung.de/meinungsfreiheit-3648/

169)https://de.wikipedia.org/wiki/Arsch_huh,_Zäng_ussen ander

170)https://www.focus.de/finanzen/steuern/markets-einwanderung-die-fluechtlingskrise-kostet-den-deutschen-steuerzahler-fast-eine-billion-euro_id_8703592.html

171)https://www.heise.de/tp/features/Die-Fluechtlinge-sind-zu-teuer-4197816.html

172)https://www.wirtschaftsdienst.eu/inhalt/jahr/2016/heft/7/beitrag/die-kosten-der-fluechtlingskrise-in-deutschland-eine-investition-in-die-zukunft.html

173)https://www.zeit.de/politik/deutschland/2019-
06/fluechtlinge-integration-arbeitsmarkt-sprachkurse-
wohnungen-daten

174) https://web.de/magazine/politik/fuenf-jahre-
danachgefluechtete-menschen-deutschland-35038240)

175)https://www.welt.de/politik/deutschland/article15675
5147/Schaeuble-plant-bis-2020-mit-der-Schwarzen-Null.html

176)https://de.statista.com/statistik/daten/studie/665598/
umfrage/kosten-des-bundes-in-deutschland-durch-die-
fluechtlingskrise/

177)https://www.sueddeutsche.de/wirtschaft/frickes-welt-
fluechtige-kosten-1.2890242

178)http://www.pi-news.net/2018/05/fluechtlingshaushalt-
doppelt-so-hoch-wie-familienhaushalt/

179)https://www.focus.de/finanzen/steuern/markets-
einwanderung-die-fluechtlingskrise-kostet-den-deutschen-
steuerzahler-fast-eine-billion-euro_id_8703592.html

180)https://www.ndr.de/der_ndr/presse/mitteilungen/Soz
ialbetrug-in-Millionenhoehe-Mehrfach-registrierte-
Asylbewerber-erschwindeln-sich-finanzielle-Zuwendungen-
,pressemeldungndr18036.html

181)https://www.welthungerhilfe.de/kompass2019/?gclid=
EAIaIQobChMI7vibssyo5wIVB7DtCh0pvAGxEAAYASAAEg
JcLfD_BwE

182)https://de.wikipedia.org/wiki/Ankerzentrum

183)https://www.br.de/nachrichten/bayern/herrmann-
weist-kritik-an-zustaenden-in-ankerzentren-
zurueck,RXsA3bG

184)https://www.institut-fuer-
menschenrechte.de/fileadmin/user_upload/Publikationen/
POSITION/Position_5_Religionsbezogene_Gewalt_in_Fluech
tlingunterkuenften.pdf

185)https://www.bmfsfj.de/bmfsfj/gewaltschutz-in-fluechtlingsunterkuenften-verbessern/130580

186)https://www.ndr.de/nachrichten/niedersachsen/braun schweig_harz_goettingen/Asyl-Betrug-Mehr-als-16-Millionen-Euro-Schaden,sozialbetrug242.html

187)https://www.bento.de/politik/so-kaempfen-fluechtlinge-in-deutschland-fuer-ihr-image-a-00000000-0003-0001-0000-000000247850

188)https://www.cicero.de/innenpolitik/asylpolitik-fluechtlinge-majd-abboud-merkel-afd-islam-terror-syrien

189)https://www.swp.de/suedwesten/staedte/ulm/zum-dank-gibt-es-hummus-28032482.html

190)https://www.lnonline.de/Lokales/Lauenburg/Syrische-Fluechtlinge-bedanken-sich-bei-Unterstuetzern-in-Sirksfelde

191)htpps:/htpps://de.statista.com/statistik/daten/studie/76095/umfrage/asylantraege-insgesamt-in-deutschland-seit-1995/

192)https://de.statista.com/statistik/daten/studie/154287/umfrage/hauptherkunftslaender-von-asylbewerbern/

193)https://medeor.de/de/hilfsprojekte/katastrophenhilfe/buergerkrieg-in-syrien.html?gclid=EAIaIQobChMIl_TMk-

194)https://www.dw.com/de/syrien-düstere-aussichten-für-2020/a-51613029

195) wie 192)

196)https://www.bpb.de/internationales/weltweit/innerstaatliche-konflikte/54603/irak

197)htpps://www.spiegel.de/politik/ausland/syrien-irak-afghanistan-krisenherde-bedingen-migration-a-1291128.html

198)wie 192

199)htpps://www.heise.de/tp/features/Fluchtursache-Tuerkei-4625009.html

200)wie 192

201)https://de.wikipedia.org/wiki/Krieg_in_Afghanistan_seit_2001

202)https://www.sueddeutsche.de/kolumne/afghanistan-hadern-mit-einem-der-laengsten-kriege-1.4607912

203) wie 192

204)https://www.frieden-fragen.de/entdecken/aktuelle-kriege/nigeria.html#paginate-1

205)https://www.welt.de/wirtschaft/article155615862/2035-leben-acht-Millionen-Migranten-mehr-in-Deutschland.html

206)https://www.bundesregierung.de/breg-de/themen/migration-und-integration

207)https://www.morgenpost.de/politik/ausland/article228579187/Erdogan-oeffnet-EU-Grenze-fuer-Fluechtlinge-Angriff-in-Syrien.html

208)https://www.city-news.de/bayerns-innenminister-kritisiert-unlautere-methoden-ankaras/

209)https://www.city-news.de/baerbock-migranten-von-tuerkisch-griechischer-grenze-in-eu-verteilen/

210)https://www.welt.de/politik/deutschland/article215833806/Aufnahme-von-Migranten-aus-Moria-Mich-hat-niemand-gedraengt-beteuert-Seehofer.html

211)https://www.bundesregierung.de/breg-de/themen/meseberg/migration-und-integration-1657562

212) https://www.bild.de/bild-plus/politik/inland/politik-inland/innenminister-seehofer-im-interview-wer-migration-begrenzen-will-ist-kein-unmens-72997446,view=conversionToLogin.bild.html

213)https://www.sueddeutsche.de/politik/merkel-flucht-deutschland-2020-2015-1.4837901